互联网金融体系与投资行为研究

田 杰 许冀艺 著

中国广播影视出版社

图书在版编目（CIP）数据

互联网金融体系与投资行为研究 / 田杰，许冀艺著
.-- 北京:中国广播影视出版社，2019.3（2024.3重印）
ISBN 978-7-5043-8280-1

Ⅰ.①互… Ⅱ.①田… ②许… Ⅲ.①互联网络—应
用—金融体系—研究 ②投资行为—研究 Ⅳ.①F830.49
②F830.59

中国版本图书馆 CIP 数据核字（2019）第 040116 号

互联网金融体系与投资行为研究

田 杰 许冀艺 著

责任编辑 刘川民
封面设计 王 艳

出版发行 中国广播影视出版社
电 话 010-86093580 010-86093583
社 址 北京市西城区真武庙二条 9 号
邮 编 100045
网 址 www.crtp.com.cn
电子信箱 crtp8@sina.com

经 销 全国各地新华书店
印 刷 三河市华晨印务有限公司

开 本 787 毫米×1092 毫米 1/16
字 数 230(千)字
印 张 12.5
版 次 2019 年 3 月第 1 版 2024 年 3 月第 2 次印刷
书 号 ISBN 978-7-5043-8280-1
定 价 68.00 元

前 言

21世纪，随着信息技术和科学技术的快速发展，互联网技术得到了广泛的应用。在此背景下，开始诞生出一系列前有未有的伟大创新——以互联网企业依托移动支付、大数据及计算、社交网络和搜索引擎等为代表的新一代互联网技术，将服务逐渐渗透到金融领域，第三方支付、P2P、众筹、网上银行等多种互联网金融模式应运而生。其不仅解决了近百年以来社会弱势但却拥有良好信用群体的融资问题，促进了社会的发展和进步，还通过大数据技术实现了存款理财化、融资多元化、支付电子化、需求多元化。

近年来，互联网金融在我国得到了全面的发展，受到了全社会广泛而热烈的关注，在经历了理论与实践脱节、金融风险监管不当等困境后，开始进入相对平稳、规范而有序的新阶段，且在金融界也形成了一个普遍认知与共识，指引着人们朝着正确的方向前行。《互联网金融体系与投资行为研究》这本书就是此背景下诞生的。本书以全新的视角重新审视了互联网金融业务的逻辑、本质与未来，对互联网金融的发展有重要的借鉴意义。

全书分为上下两篇，共分为八章。上篇为理论篇，第一章对互联网金融定义、技术背景、特点及发展进行了详细的论述；第二章介绍了互联网金融的七种模式，分别有：第三支付、P2P网络借贷、众筹、大数据、信息化金融机构、互联网整合销售金融产品和虚拟货币等内容；第三章分析了互联网金融生态系统中的消费者、金融机构和监管机构；第四章对互联网金融基础设施的内涵及发展进行了详细的分析；第五章探讨了互联网金融风险及管控的具体内容。下篇为实践篇，从P2P网络信贷、电商金融、第三方支付三个角度对不同的投资方式进行了详细的介绍，具体为：第六章探讨了P2P网络信贷平台的内涵、风险理论分析、风险规避策略；第七章探讨了电商金融的内涵、电商金融小微企业融资的有效性及局限性分析、电商金融小微企业融资的策略；第八章探讨了第三方支付理财产品的内涵、第三方支付理财产品监管的理论分析和第三方支付理财产品监管机构与制度。

纵观全书，有以下特色：

1. 全面性。本书能够涵盖目前我国互联网金融发展所涵盖的各个新型业态，同时对于互联网金融各个业态的定义、业务流程进行了详细的论述；

2. 深刻性。对金融业的历史发展背景、未来发展趋势进行了详细的讲解，能够让读者深刻理解我国互联网金融发展的历史原因；

3. 实践性。第六章至第八章探讨了互联网金融投资行为，能够让读者对互联网金融平台的投资行为有一个全面的认识。

互联网金融是一个快速发展、动态变化的新兴领域，不仅涵盖的知识繁多，而且还包含各种不同的观点。因此，在本书编写的过程中，查阅了大量的国内外文献和资料，吸收了很多与之相关的最新研究成果，借鉴了很多专家、学者的观点，在此表示诚挚的感谢！

在本书的编写过程中投入了大量的热情和精力，但因能力与水平有限，再加上经验、视野和时间不足，书中难免存在疏漏之处，在此恳请读者批评指正。

目 录

上篇　理论篇

下篇　实践篇

上篇　理论篇

　　上篇为探讨互联网金融体系与投资行为研究的理论篇，主要对互联网金融的相关知识进行详细的介绍，上篇包括前五章内容，主要介绍互联网金融概述、互联网金融的主要模式、互联网金融生态系统、互联网金融的基础设施、互联网金融风险分析及风险管控。

第一章　互联网金融概述

互联网金融的兴起是在社会需求、科技进步的推动下社会发展的必然产物。本章主要从互联网的技术背景、互联网金融的兴起、发展与特点、互联网金融的影响及未来发展趋势这三个方面来介绍互联网金融。

第一节　互联网的技术背景

一、互联网的诞生与普及

（一）互联网的诞生

互联网（Internet）从一定意义上讲，是美苏冷战的产物。20世纪60年代，美国国防部为防止唯一的军事指挥中心被苏联攻击，开始建立分散的指挥系统，分散的指挥点之间通过某种通信网联系。

最早产生的对互联网的需求是在军事中用于联系分散的指挥点。1967年，美国科学家拉里·罗伯茨和鲍勃·泰勒第一次提出了"ARPAnet"，即"阿帕网"，ARPAnet是全球互联网的始祖。1968年，罗伯茨在提交的研究报告中着力阐述了将分散的电脑互相连接的新技术，也正是这篇报告使得拉里·罗伯茨成为"阿帕网之父"。①

在ARPAnet之后，又出现了大量新的网络，如供计算机研究人员互传信息的CS-NET，或者蔓延于大学校园的BITNET等。1986年，美国国家科学基金会（NSF）为满足各大学与机构用于研究的目的，在美国的六个超级计算机中心的基础上建立了NSFnet广域网，实现了更广域的资源共享与互联。

---

① 许伟，王明明，李倩. 互联网金融概论 [M]. 北京：中国人民大学出版社，2016.

NSFnet 所覆盖的范围逐渐扩大到全美的大学和科研机构，如此一来，NSFnet 逐渐替代了慢速的 ARPAnet，并于 1990 年彻底取代了 ARPAnet，成为互联网的主干网络之一。与此同时，在其他国家和地区，与 NSFnet 类似的网络也在发展壮大，这些网络逐渐互联，从而形成了今天的互联网。

（二）互联网的普及

互联网的产生，极大地弱化了时空差距，并完成了极为广阔范围内的信息共享与互联。然而，早期的互联网功能有限，还不足以改变众人的生活。但在 1991 年，万维网（World Wide Web，WWW）及浏览器出现后，互联网得以爆炸性地发展。1993 年，浏览器"马赛克"的出现，实现了在网页浏览器中使用和显示图片。这样的具有图形界面的网页浏览器，迅速受到人们的欢迎，而这也成为互联网普及的开始。在短短的二十几年内，互联网获得了飞速发展。

二、互联网对社会生活的影响

互联网快速发展中隐藏的巨大潜在力量正在被挖掘，并且这股力量直接带动网络上虚拟世界与实体世界相融合，给整个社会带来了变革的力量。每一个身处这个时代的人都感受着互联网对社会生活各方面的巨大影响。

（一）商业

提起雅虎（Yahoo!），一般人都只会想到它是著名的互联网门户网站。但是，除了互联网门户网站之外，它的另一个重要身份是全球第一家提供互联网导航服务的网站。雅虎为广大网民提供免费、开放的多元化网络服务，然后从广告投放获得盈利收入，这一方面为雅虎赚取到了可观的利润，另一方面也为雅虎吸引了大量的网络流量。这种独特的商业模式给传统的商业思想带来了冲击，为后期互联网对商业模式的变革产生了深远的影响。

在互联网发展的早期，电子商务就率先作为互联网的一大应用出现在人们的视野中。买家与卖家依靠互联网，即使远隔千里也可以通过互联网完成交易。在这个交易过程中，买卖双方不再受到时空的限制，从而使得销售的地理范围和业务范围得到了极大扩张。例如，创建于 1995 年的易趣（eBay）和亚马逊（Amazon）都是电子商务的优秀案例。易趣最早依靠互联网完成网民间点到点的物品交易，并逐渐发展成为今天这样规模庞大的 C2C（Customer to Customer）网站。而亚马逊最初也仅是将书店从线下搬至线上，之后亚马逊依靠全新的经营理念，颠覆了传统的商业模式，逐渐发展成为当今全球最大的 B2C（Business to Customer）模式的电子商务公司之一。

电子商务依托于互联网技术，凭借其新颖的模式吸引了世界各地的互联网用户，并且在逐年的发展中创下一个又一个商业奇迹。随着互联网技术和电子商务相关应用的不断发展与创新，我们有充分的理由相信这样的商业奇迹仍然在继续，电子商务的市场前景仍然广阔。

（二）社交

传统的社交大多是建立在地理位置相对较近的人们之间，而互联网技术的快速发展极大地拉近了人与人之间的距离，使得地域不再成为社交的限制，从而使得人们之间的社交关系网络可以得到很大的扩展。

基于互联网的社交服务主要分为三大类：一是类似于最早的 BBS 类的以内容为导向的社交网站，用户之间通过相似的兴趣和话题联系在一起；二是以个人信息为导向的社交网络，多是将线下已有的社会关系转到了线上并加以拓展，如 Facebook 和人人网等；三是利用互联网的信息传播速度建立起来的网络通信工具，如腾讯公司的 QQ 和微信等。这些形式多样的社交网络、庞大的社交用户群以及高度的用户忠实度，足以说明互联网的影响已渗透到了人们的日常生活中。与此同时，人们之间的社交关系也通过互联网得到了扩展，人们越来越依赖于互联网社交网络，进而推动了互联网的进一步发展和繁荣。

（三）营销

雅虎开创了利用投放互联网广告盈利的先河。自此之后，企业与品牌找到了新的营销模式，即依靠互联网的传播力进行宣传。另外，依靠社交网络关键节点的宣传，或是寻求对应话题性论坛的宣传，常常可以给广告商带来锁定目标群体、一传十传百等额外利益。随着互联网广告的不断规范和完善，现在越来越多的广告商更倾向于选择互联网这种方式。一方面，相较于传统的营销方式，基于互联网的营销方式具有更快的传播速度和范围，并且会极度地降低营销过程中资源的消耗；另一方面，互联网具有巨大的容纳量，广告位数量的限制小，不同的广告位置也对应着不同的价位，这也给予广告商极大的选择空间。谷歌（Google）推出的 Google Adwords 等新型广告投放方式，也是基于互联网对传统营销理念的又一次冲击。

三、互联网的优势

互联网之所以如此快速地颠覆着人们的传统认知，主要原因在于互联网的以下几个优势：

（一）信息传播优势

与传统的方式相比，互联网中的信息传播速度快、范围广、成本低。得益于这样的优势，每个网络用户都可以在第一时间获得更全面的资讯。除此之外，互联网汇总的信息传播还具有数字化、多样性、开放性、互动性、平等性和虚拟性等特点，使得网络用户在接收信息时不再受到时间和空间的约束，并且可以自由发布信息传播自己的观念和理念，进而实现了互联网中信息高速自由的流动。

（二）跨越时空

互联网跨越时间、空间，将全球的人、事、物视作节点，靠不同的关系连接起来。巨大的网络蕴含着巨大的能量，便捷的连接使得节点之间信息交流更加频繁与高效，提高了整个社会运行的效率。每个人仅需要一台计算机和简单的上网设备就可以足不出户便知天下事。同时，互联网极大地打破了地域和时间的限制，并进一步扩展了每一个网络用户的社交网络。

（三）开放性

互联网是一个四通八达、没有边界、没有中心的分散式结构。互联网用户可以通过互联网自由地发布信息，与其他互联网用户实现实时沟通，并获取自己所需要的信息和内容。此外，互联网平台开放、自由，任何人只需要经过简单的培训，就可依托互联网平台开发项目和拓展业务等，互联网的低门槛同时也造就了行业类型的多样性。

（四）发展性

随着信息技术和相关应用的不断发展，互联网依然在不断地提供着各种创新，为人们的日常生活带来了越来越大的便利，其影响范围也在迅速扩张中。互联网领域就像是一座未被挖掘的矿山，吸引着越来越多的人前来探索。

四、互联网的大数据应用

大数据起源于 2000 年前后的互联网，在不断的发展过程中呈现出"4V"（即 Volume、Velocity、Variety、Value）的特征。下面我们将分别从大数据的定义及其关键技术两个方面对互联网的大数据应用进行具体的介绍。

（一）大数据的定义

"大数据"至今没有公认的统一定义，在本书中我们认为：大数据技术是新一代的技术与架构，它被设计用于在成本可承受的条件下，通过非常快速的采集、发现和分析，从大体量、多类别的数据中提取价值。在这个定义中，主要介绍大数据的 4V 特征中的三大特征，即：Volume（海量），数据容量越来越大；Velocity（速度），数据量增长越来越快，需要处理的速度和响应越来越快；Variety（多样性）则是指各种各样类型的数据出现，过去的数据更多的是结构化的，现在越来越多的数据是半结构，甚至是完全没有结构的数据，如文本、邮件，甚至语音、视频等。这三大特征是对大数据最基本特征的归纳，目前得到了业界的认可。

此外，对于大数据的应用发展而言，更重要的是第四个 V，即价值（Value）。当量级庞大、实时传输、格式多样的全量数据通过某种手段得到利用并创造出价值，而且能够进一步推动社会与商业模式的变革时，大数据才真正诞生。

（二）大数据关键技术

从数据在信息系统中的生命周期看，大数据从数据源经过分析挖掘到最终获得价值，一般需要经过五个主要环节：数据准备、数据存储与管理、计算处理、数据分析和知识展现。每个环节都面临不同程度的技术上的挑战。

（1）数据准备环节：在进行存储和处理之前，需要对数据进行清洗、转换和整理（Extracting，Transforming，Loading，ETL）。与以往的数据分析相比，大数据的来源多种多样，包括企业内部数据、互联网数据和物联网数据，不仅数量庞大、格式不一，质量也良莠不齐。这就要求数据准备环节一方面要规范格式，便于后续存储管理；另一方面要在尽可能保留原有语义的情况下去粗取精、消除噪声。

（2）数据存储与管理环节：当前全球数据量正以每年超过 50% 的速度增长，存储技术的成本和性能面临非常大的压力。大数据存储系统不仅需要以极低的成本存储海量数据，还要适应多样化的非结构化数据管理需求，具备数据格式上的可扩展性。

（3）计算处理环节：需要根据处理的数据类型和分析目标，采用适当的算法模型，快速处理数据。海量数据处理要消耗大量的计算资源，传统单机或并行计算技术在速度、可扩展性和成本上都难以适应大数据计算分析的新需求。分而治之的分布式计算成为大数据的主流计算架构，但在一些特定场景下的实时性还需要大幅提升。

（4）数据分析环节：数据分析环节需要从纷繁复杂的数据中发现规律并提取新的知识，是大数据价值挖掘的关键。传统数据挖掘对象多是结构化、单一对象的小数据集，挖掘更侧重根据先验知识预先人工建立模型，然后依据既定模型进行分析。对于非结构化、多源异构的大数据集的分析，往往缺乏先验知识，很难建立显式的数学模型，这就需要发展更加智能的数据挖掘技术。

（5）知识展现环节：在大数据服务于决策支撑场景下，以直观的方式将分析结果呈现给用户，是大数据分析的重要环节。如何让复杂的分析结果易于理解是主要挑战。

这五个环节中，数据存储与管理、计算处理和数据分析三个环节比较关键，需要对技术架构和算法进行重构，是当前和未来一段时间大数据技术创新的焦点。

第二节　互联网金融的兴起、发展与特点

一、互联网金融的兴起

在世界经济发展的历史长河中，创新始终是经济发展的主要动力源。16世纪 80 年代，威尼斯银行的建立开启了现代金融创新的大门，经历了欧洲货币市场的建立、负债业务创新、衍生金融工具创新、表外业务创新、网络银行的产生和欧元创新等一系列金融创新后，信息技术的飞速发展和互联网的普遍应用迫使互联网金融成为广义虚拟经济新时代金融创新的主要方向。未来如何发展？追求技术创新，强调用户体验和感知，成为毋庸置疑的最佳选项，思维敏锐者已经开始行动，从支付宝到余额宝，从 P2P 网络信贷平台到众筹模式，广义虚拟经济视角下的金融业已经在传统金融走向互联网金融的道路上开始行动。

任何事物的产生和发展都离不开社会需求和科技进步的推动，互联网金融也不例外。互联网金融的兴起是社会需求推动下时代发展的必然产物，具有深刻的人文、社会和技术背景。

首先，信息和网络技术的进步为互联网金融的飞速发展提供了技术背景。技术层面的突破使得互联网金融的长足发展成为可能，正是以互联网和信息通信为代表的新一代信息技术（云计算、搜索引擎、社交网络、大数据、移动

支付）不断完善、促进了互联网金融的兴起。

其次，虚拟经济，特别是电子商务的快速发展为互联网金融的发展提供了经济背景。近年来，中国电子商务市场规模持续高速增长。随着电子商务的发展，其对中国工农业生产、商贸流通和社区服务等领域的渗透不断加深，实现了实体经济与网络经济、网上与网下的不断融合，并且跨境合作与全球扩张的趋势明显。电子商务的快速发展引起了对便捷网上支付方式的迫切需求，成为互联网金融发展的初始契机。

再次，居民生活方式与交易习惯的变化为互联网金融的兴起提供了人文社会背景。现阶段，生于 20 世纪八九十年代的群体开始在银行客户的主体中占据一席之地。不愿意排队、对网络应用和操作熟练掌握的群体特点将挑战我们现有的线下服务模式。

最后，第三方支付、P2P、众筹等众多新型金融服务模式的创新累积为互联网金融的异军突起提供了时代背景。各大互联网创新企业如雨后春笋般出现，逐步渗透网络和移动支付、个人及小微企业信贷和理财的方方面面，极大地加速了传统金融机构和互联网企业的融合，掀起了互联网金融的时代热潮。

二、互联网金融的发展

（一）国外互联网金融发展情况

互联网金融可划分为传统金融业务的互联网化、网上支付体系、互联网信用业务、虚拟货币四种业态。美国的传统金融业自发与互联网结合巩固自身地位，非传统的网络经纪商、P2P 和众筹业务也占有一席之地；日本是网络公司主导互联网金融创新的典型；英国、法国、德国则另有创新模式。

（1）美国传统金融业通过自发地与互联网结合巩固了地位，独立的互联网金融业态对市场冲击有限。美国的传统金融体系经过长期发展，产品和服务较为完善，而且金融机构自互联网诞生之初就开始了自发的信息化升级，金融互联网化整体上巩固了传统金融机构的地位。

在强大的传统金融体系下，独立的互联网金融企业生存空间较小，只能在传统金融企业涉及不到或暂未涉及的领域里发展。

其一是货币市场基金。典型的例子是 PayPal 于 1999 年推出的将余额存入货币市场基金的服务，也就是中国余额宝的美国版。PayPal 作为第三方支付平台，拥有一张支付牌照，在财政部注册，受联邦及州政府的两级反洗钱监管，其资金托管也受到 FDIC 的监管。货币市场基金长期是否繁荣并不在于营销渠道，而是主要取决于利率市场的格局。

其二是网络银行。建立于 1995 年的 SFNB 是世界上第一家纯网络银行，受美联储和各级政府监管。由于成本低，费用和存贷款回报率都很有竞争力，创建初期发展迅猛，曾一度通过收购成为全美资产规模第六大银行。不过，随着花旗、大通等老牌银行加快网络银行布局，SFNB 优势不在，加之内部风险管控不善，于 1998 年被加拿大皇家银行收购。此后，美国的商业银行体系又回到了传统大银行割据的局面。

其三是网络经纪商。20 世纪 90 年代中期，折扣经纪商嘉信理财（CharlesSchwab）在营业部业务的同时推出网上经纪业务，1996 年，纯网络经纪商 E-Trade 上线，开创了完全基于互联网交易的模式，1999 年，以美林为代表的传统券商全面开展网络业务。美国 SEC 对网络经纪商实行备案制，认为这只是传统经纪业务的延伸。时至今日，这三类经纪商针对不同客户形成了差别的盈利模式。纯网络经纪商通过极低的交易佣金吸引客户，尤其是个人投资者；嘉信则在提供经纪通道服务的同时附加咨询服务；而美林则针对机构投资者提供全套金融服务，收取高额佣金。目前这三种模式三分天下。

其四是 P2P 借贷。美国的 P2P 借贷平台受 SEC 的严格监管，典型的例子是 Lending Club（LC）。成立于 2006 年的 LC 只收中介费不提供担保，借款人主要依靠信用融资，筹款主要用于支付信用卡债。

其五是众筹。在美国，众筹业务由美国证券交易委员会（U. S. Securities and Exchange Commission，SEC）直接监管。典型的例子是 Kickstarter（KS）。KS 于 2009 年成立，主要向公众为小额融资项目募集资金，致力于支持和鼓励创新。2012 年美国通过 JOBS 法案，允许小企业通过众筹融资获得股权资本，使得众筹融资替代部分传统证券业务成为可能。

（2）日本是由网络公司主导互联网金融变革的典型。与美国不同，日本的互联网金融由网络企业主导，并形成了以日本最大的电子商务平台乐天为代表的涵盖银行、保险、券商等全金融服务的互联网金融企业集团。乐天公司是于 1997 年成立的电子商务企业，它于 2005 年通过收购建立了乐天证券，开始打造互联网金融业务。利用其规模巨大的电商客户群，乐天证券建立当年就成为日本开户数第三位的券商。当前，该公司是稳居日本第二位的网络券商，主营业务涵盖股票、信托、债券、期货、外汇等。由于其电商平台七成交易都是通过信用卡来支付，乐天 2005 年开始进入信用卡行业，利用其消费记录作为授信依据。2009 年乐天又开办网络银行。

（3）英国 P2P 借贷发展迅速。英国是 P2P 借贷的发源地，全球第一家提供 P2P 金融信息服务的公司始于 2005 年 3 月英国伦敦的一家名为 Zopa 的网站。Zopa 网贷平台为不同风险水平的资金需求者搜寻适合的资金借出方，资金借出方以自身贷款利率参与竞标，利率低者胜出，这一信贷模式凭借其高效便捷的操作方式和个性化的利率定价机制常常使借贷双方共同获益。此后Zopa得到市场的广泛关注和认可，其业务模式迅速在世界范围内被复制和传播。2008年金融危机爆发后，主导信贷市场的大银行都提升了资本金充足率，应对中小微企业的服务不足。在此背景下，英国P2P借贷，以及众筹等互联网金融发展迅猛，为解决小微企业及个人创业者融资难题发挥了较大作用。

（4）法国第三方支付与众筹市场高速增长。法国的互联网金融业以第三方支付、众筹、在线理财、网上交易所、小额信贷等服务类型为代表。在第三方支付方面，PayPal在法国占据近半的市场份额，为此，法国巴黎银行、兴业银行和邮政银行三大银行于2013年9月共同研发了新型支付方式以争夺在线支付市场；在P2P信贷领域，法国仍处于起步阶段，有盈利和非盈利两种模式，其中非盈利模式的代表是Babyloan，用户可以选择感兴趣的项目或个人进行公益投资，贷款人不收取利息；在众筹方面，法国起步较晚，但发展很快。

（5）德国的P2P借贷有不同的风险承担模式。德国的P2P网络借贷处于发展初期，目前该市场主要由Auxmoney和Smava两家公司垄断，它们均成立于2007年。德国的P2P公司普遍都不承担信用风险，在Auxmoney平台上，由贷款人承担所有风险；而在Smava平台上，贷款人可采用两种方式规避风险，一是委托Smava将不良贷款出售给专业收账公司，二是同类贷款人共同出资成立资金池来分担损失。第三方支付在德国发展较快，而其众筹融资尚在起步阶段，规模几乎可以忽略不计。

（二）中国互联网金融发展情况

互联网金融是金融与互联网技术相结合的产物，自20世纪90年代中期以来，中国互联网金融开始出现并不断创新发展，其中以网络银行、网络证券和网络保险业务的兴起为标志，中国互联网金融经历了第一轮发展阶段。此后随着以社交网络、移动支付、云计算和搜索引擎等互联网现代科技的快速发展，以及金融创新步伐的加快，互联网技术与金融业务在广度和深度上进一步融合发展第三方支付、网络信贷、众筹融资和整合销售金融产品等互联网金融模式开始实现快速发展。

国际上普遍认定1998年美国PayPal公司是最早创立个人对个人网络支付模式的公司。2003年中国的互联网金融开始出现，2013年是中国互联网金融元年，国内互联网金融呈现爆发式增长，2013年6月余额宝凭着收益率高、流动性强、风险性低，实现了用户、支付宝、基金公司三方共赢。余额宝成功后，中国互联网金融遍地开花，百度推出了"百发"，新浪推出了"微财富"，360 与易方达、苏宁易购与汇添富和广发基金合作等消息不断传来。2014 年 1 月微信推出理财通，苏宁推出"零钱宝"，中国平安"壹钱包"测版上线。

随着物联网、大数据和云计算时代的到来，一方面，信息对金融行业的影响越来越深入，互联网改变了人们的生活方式，不少人忙着存款大搬家；另一方面，银行面临吸收存款的压力。这让我们更深层次地思考互联网金融与传统金融的本质根源、相互的竞争与合作以及未来中国金融业发展前景等相关问题。

目前中国市场上大量的资金供给、资金需求和第三方服务机构并存。不论从机构新成立的总数量还是交易总额来说，2013 年网络借贷平台总体上呈爆发式增长，中国网络借贷平台总成交额近 1000 亿元，除了西藏、青海、宁夏、黑龙江和吉林之外，中国所有的省市都有 P2P 网络借贷平台。

但目前网络借贷平台呈现"无准入门槛、无行业标准、无监管机构"以及"资金集聚、技术集聚、人才集聚、风险集聚"状态。网络借贷平台的发展参差不齐，有些网络借贷平台非常受人欢迎，其投资甚至出现"秒杀"，如"陆金所"，但 90%的网贷平台都在亏损。

制约金融发展的主要因素是信息不对称导致交易成本高和风险定价难。在互联网金融中，由于信息数据化，大数据的风险定价有着得天独厚的优势，因此极大地降低了交易成本，其中移动支付、第三方支付和网络借贷是互联网金融的核心。互联网金融贷款有两种不同的模式：一类是以电商为基础，在注册客户范围内基于产销贷链条的贷款，也称互联网供应链借贷，国内典型代表有阿里金融，美国典型代表有 Amazon；另一类是 P2P 平台贷款，在中国有陆金所、人人贷，欧美有 Kabbage、Lending Club、Prosper Marketplace。

目前，国内外贷款互联网金融的一个共同点是以小微贷款为主。相对于许多银行把年销售收入一亿元以下、申请贷款金额在 1000 万元之内的贷款叫作小企业贷款。即使是小微贷款，单笔金额也多在 50 万元以上，远远高于互联网平台上十万元以下的平均贷款金额，互联网企业的小贷模式创新在一定程度上填补了传统金融的空白。互联网金融的"小小微"服务对象正是传统金融领域金融服务的真空。

金融的产生源于互相借贷、资金融通的需求，互联网金融是中国传统金融市场需求无法满足而出现的金融溢出。中国有很多中小微企业，尤其是小微企业。长期以来，此类客户严重缺乏投融资及金融服务。互联网金融的出现，把一线城市的投资者闲余的资金转投向二三线城市的小微企业，给中国的金融与经济带来了新的发展机遇。作为普惠金融的一种形式，互联网金融符合目前国家金融改革和创新的方向，在推动中国利率市场化、促进金融市场发展、连接社会闲置资本和实体经济的发展与经济结构调整转型升级、缓解中小企业融资难、培育社会财富管理理念等方面具有积极意义，在金融领域的重要性也与日俱增。

三、互联网金融的特点

互联网金融之所以区别于传统金融服务方式，是因为互联网金融整体体现了独有的特征。

（一）无时空限制

互联网金融最大的特征在于没有时间和空间的限制。传统金融机构有固定网点和营业时间的限制，而互联网金融以互联网技术为手段，以互联网平台为载体，绝大部分服务基于线上，或者是线上线下相结合，不需要铺设大量的网点、营业厅。尤其是近年来，由于移动互联网技术逐渐成熟，智能手机已经日渐普及，为互联网金融服务的拓展带来了技术上的便利。也就是说，无论何时何地，只要有网络的地方，配合智能设备，例如电脑、智能手机，就可以随时获得互联网金融服务，不仅大大节省了客户的时间和精力，而且使得更多的人愿意参与到金融活动中来，跨区域的金融活动变得更为活跃。

（二）灵活高效

一方面，互联网的开放性和共享性使得金融活动参与者有更直接、更有效的接触，有利于他们通过互联网平台实现直接对接，减少了中间环节，提高了信息的传播效率和透明度，最大程度上缓解了市场信息不对称，极大地降低了金融交易的成本。另一方面，互联网平台借助云计算、大数据等技术，使得金融服务提供者掌握了不同人群的需求，进而设计出不同种类的金融产品，满足不同客户的需求。特别是对于传统金融机构忽略的客户群——资产净值相对较小的客户，互联网金融企业以其独特的聚拢优势，为他们提供小额理财服务。例如，"余额宝"，它利用支付宝庞大的用户，让用户把平时留存在支付宝账户的零钱投入其合作基金"天弘基金"，从而获得一定的收益。这种收益不高，但往往会比同期银行存款利率高出很多，而且可以实现随时提取资金不收取任何手续费，所以大多数用户都愿意使用这种碎片式的理财方式，大大增加了金融产品的灵活性。另外，互联网金融业务主要由计算机系统处理，业务流程标准化程度高，大幅提高了资金融通的效率，不仅极大地提高用户的资金周转率，提升了用户体验，而且也提高了金融服务效率。

（三）信息资源网络化

在互联网金融模式中，所有的信息甄别、需求匹配资源都在网络上进行。在这里，互联网平台实质就是一个资源平台，它充分开发和深度挖掘互联网创造的资源价位，通过对用户的网上交易信息、社交信息、查询信息、违约信息、网络评级评价信息等一切因用户在使用互联网过程中而留下的"网络信息足迹"，进行实时监控，从而有效识别不同用户的行为特征，并据此对其进行自动化、批量化处理。通过模型对风险进行归类和量化统计分析，得到所需结果，提供精准营销和风险控制等服务。网络数据成为互联网金融创造价值的重要资源。对于互联网金融企业来说，信息资源的网络化使得它们不仅依靠互联网获得了金融业务的收入，而且也获得更多客户和更多数据流，进而吸引更多广告加盟，获得额外收益。对于客户来说，正是由于互联网金融企业在这过程中节省了成本，所以更有能力向客户让利，从而提高了客户的收益率，使得他们获得更多的收益。而这种信息资源在网络中流转，创造出巨大的信息资源价值，成为互联网金融重要的运行基础，有助于实现金融服务的革新，而不仅仅是网络延伸服务的手段。

（四）收益与风险同在

互联网金融的低成本、高效率、灵活性决定了其服务能产生相对高额的收益。但是，高收益也伴随着高风险，迅速发展的互联网金融也隐藏着巨大的风险。

1. 道德风险

目前来说，一方面，因人民银行的征信系统目前尚未对互联网金融企业开放，互联网金融企业仍不能获取相关的征信信息，虽然有大数据技术作为评估客户信用的方式，但依然不足以对用户违约进行有效的控制，信用风险较大，容易诱发欺诈或金融犯罪等问题。

另一方面，互联网金融企业本身也存在道德风险问题，特别是 P2P 模式下的网络借贷业务。严格而言，P2P 公司只能作为连接投资者与融资者的信息中介，为双方提供平台、配套金融服务和金融信息。但是，实际上，有一些 P2P 平台为了吸引投资者资金而构造虚假标的，或是隐瞒、修改项目的真实信息，或者以自有资本参与筹融资和抵押担保成为类似与信用中介的第三方担保的角色。那么一旦因资金链紧张出现流动性问题，就会面临经营困难、卷款跑路等损害用户的行为，造成投资者惨重损失。

2. 技术风险

互联网金融依托现代互联网与移动通信技术，而互联网是一个开放的网络，很容易受到黑客攻击、钓鱼网站等形式多样的不法侵袭，为正常的互联网金融业务运行带来了巨大的风险和隐患。一旦服务系统受到侵害，用户的资金安全和信息安全将无法保护。

3. 法律风险

互联网金融为近几年的新兴概念，各种金融服务模式的创新日新月异。但由于法律的滞后性，目前，中国还没有专门针对互联网金融企业及其业态的法律法规，相关的监管框架和体系难以有效地对其进行审慎监管。因此，互联网金融行业目前处于缺乏行业准入门槛和规范，内部缺乏行业规范，外部监管体系薄弱的法律真空状态，一些业务游走在法律的灰色地带。此种法律风险不仅影响了互联网金融企业的良性、稳定发展，也为整个社会经济的有序运行带来了极大的困难。

第三节 互联网金融的影响及未来发展趋势

一、互联网金融的影响

互联网金融凭借快速发展的互联网技术、大数据挖掘、云计算等，以互联网金融创新的模式加速着金融脱媒的进程，使大量资金从传统金融机构中流出，流入了金融市场和互联网金融交易平台。在此过程中，不仅对传统金融业务产生巨大的冲击和激励，也对整个金融市场体系造成了深远的影响。

（一）对传统金融业务的影响

1. 对传统金融业务的冲击

传统的金融业务主要由商业银行承接。然而，互联网金融正逐渐给商业银行的传统金融业务带来冲击和竞争。

首先，商业银行的信息中介角色正在逐步弱化。作为日常经济生活中最主要的金融中介机构，商业银行是作为商业活动中资金供需信息的集散中心而存在的，并在长期的经营实践中形成了集信息收集、信息处理等为一体的规模经济效应。但是，随着网络技术的迅速发展，信息的传递方式和传播途径发生了巨大的改变，互联网金融不仅为金融交易提供了大量的信息基础，而且也使人们获得信息的难度大幅降低，市场信息不对称正在减弱，因而通过互联网交易，交易成本也相应地降低。这使人们不完全依赖于商业银行获取信息，而更多地在广阔的互联网中寻找资产融合和流通的渠道和信息，商业银行在竞争中逐渐失去了优势。

其次，商业银行的支付中心地位也面临着威胁。由于技术的限制和安全性的考虑，传统的金融支付，依赖于银行卡、POS 机等媒介。然而，随着第三方支付技术的成熟与发展，以及国家正式发放第三方支付牌照后，网络第三方支付以其强大的优势冲击商业银行的传统支付、结算业务。这是由于互联网支付可以通过广泛的网络终端资源，使得客户通过电脑客户端、手机客户端进行快捷支付，即使没有开通网上银行，也可以实现网络支付，这大大方便了用户，其不必开通多个银行的网上银行、下载多个银行的手机银行客户端，通过一个第三方支付平台，即可绑定多张不同银行的银行卡或信用卡，实现快速便捷的支付，从而实现对银行的实体网点的替代，弱化了传统银行的支付功能给银行主要业务带来的冲击。

再次，商业银行理财产品的销售正面临挑战。一方面，以银行网点为代表的传统销售渠道受到地理位置的限制，网点辐射区域的面积较小。而且，营业网点的开设受到监管部门的政策限制，不同城市间的网点也存在一定程度上的竞争关系，不利于整体开发客户。另一方面，传统商业银行的理财产品都有起投金额的限制，这反映了商业银行的理财产品多为中高净值客户打造，以他们为主要客户群体，忽视了普通客户的理财需求。但互联网金融最初的目标客户群的定位就在于普通的大众，尽管从单个客户来说，资金实力较弱，但其数量庞大，创造的收益也非常可观，而且由于线上销售成本低廉，收益往往较商业银行的一些理财产品高，所以吸引了众多投资者，使得互联网金融平台收益不比商业银行销售理财产品获得的收益少。

最后，商业银行的收入来源也受到了冲击。对于商业银行来说，其收入主要依靠存贷款的利差收入。自从互联网金融兴起，互联网金融产品以相对高利息来吸引社会零散资金，人们都纷纷将自己的活期存款转移到各种小额理财产品中，导致商业银行吸收存款能力下降，存款成本上升，银行收入来源减少，提高银行的经营成本。

2. 促使传统金融机构转型发展

互联网金融在对传统金融业务和金融机构带来冲击和竞争的同时，也促使传统金融机构向多元化方向转型发展，这给传统金融机构提供了积极的动力。

第一，促使传统金融机构转变服务思维。互联网金融强调"以客户为中心"，注重客户体验，为客户带来便捷的服务。并且，在为客户进行定制服务方面，互联网金融企业更是积极进行调研和开发，只要企业客户提出新的需求，它们都会尽快开展相应的调研和回馈，且进行相应的开发。因此，技术开发部门在互联网金融企业中占据非常重要的角色。相比而言，受历史发展的影响，现有的商业银行的内部管理体系中部门和地域分割现象严重，造成信息数据局部化、条线化、重复化，无法参与信息共享、互联互通、整合创新、智慧管理的信息化建设目标相匹配，因此落后于互联网金融企业的发展，导致客户流失。这也促使传统金融机构积极改变经营思维和服务思维，由原来注重营业网点的扩张转变为注重客户体验，更加强调传统金融业务与网络技术的相互整合，用互联网的思维，在信息挖掘、交互式营销、平台开放等方面进行发展，积极建立专业化、市场化、普惠化和人性化的线上线下交互联动的服务体系，加快推进零距离、智慧化和全功能的新型发展模式建设。

第二，加快了传统金融机构拓展业务范围。自从互联网金融充分挖掘了传统金融机构并不关注的客户，包括小微企业、普通个人，并且发挥了他们巨大的理财、融资潜力后，传统金融机构，特别是商业银行开始重新审视被割裂的资金流、物流和信息流，并迫切需要进行整个商务链条的重新整合。商业银行原有的经营模式没有办法根据小微企业各自的情况进行风险分散化、多样化处理。因此，互联网金融的浪潮也促进了商业银行拓展其业务范围，发展多层次的客户群，并探索针对各个层面客户群的风险控制方案。

第三，加快推进传统金融机构信息化进程。虽然，传统金融机构在发展网络化服务走在最前端，但却后劲不足，原因是传统金融机构依然将网络化服务视为经营渠道之一，只是运用互联网络技术将线下业务搬到了网络上，并没有重视挖掘互联网的价值，没有全面地认识到互联网金融的思想和精神。因此，互联网金融的发展在一定程度上转变了人们互联网理财思维，同时也迫使传统金融机构加快信息化发展，借助互联网金融的发展浪潮，利用其雄厚的金融信息和技术基础优势，通过信息的集中、整合、共享、挖掘，使经营决策和战略制定从经验依赖向数据依据转化，从而在激烈的竞争中保有优势。

3. 成为传统金融业务的有力补充

互联网金融不仅对传统金融业务存在威胁和竞争，促使传统金融业务的革新和多元化发展，而且也是对传统金融业务的有力补充和技术支持。一方面，由于互联网金融平台能够发展多样化、碎片化的理财产品，有效地弥补了传统金融业务目前依然无法突破的风险管理体制，将此类风险转移到资金的供需双方，让双方通过平台匹配的信息自主进行交易，实行交易自主、风险自担的模式。同时，也让金融机构特有的、互联网金融平台不能完成的业务继续发挥其作用。

另一方面，互联网金融也在传统金融业务互联网化方面提供更多的支持、升级、融合、弥补作用，这种作用更多的是促进而非替代。在这一层面上，互联网金融是传统金融业务有力的补充和技术的支持，互联网技术与传统金融业务的融合以及传统金融业务的信息化服务基本是夯实传统金融发展的基础，有利于传统金融的可持续发展和竞争力的保持，也有利于激发整个市场的资本活力。

（二）对金融市场的整体影响

1. 促进利率市场化进程

所谓利率市场化，简单来讲就是利率由市场决定，通过金融市场的竞争产生合理的市场利率。在互联网金融的货币基金和 P2P 网络贷款上，它深刻改变了人民银行主导的资金供求模式和定价机制，削弱了银行长期享受低资金成本的制度性优势，打破了银行长期享受较高利差收益的格局，确立了资金供给者提供资金定价的新机制，而这种改变最后的结果就是资金价格的定价更加市场化，互联网金融的这种对利率市场化的推动作用是实质性的。正因为互联网金融发挥自身优势，对金融产品进行创新，使得传统商业银行对金融产品重新定价，迫使商业银行尽快放开银行存款利率，以便与互联网金融竞争。

2. 加速行业混业经营

互联网金融理财的特点在于高收益、流动性强，在互联网金融的强烈影响下，对客户来说，他们对活期资金的选择也越来越脱离传统的银行活期存款，对金融产品的需求也与日俱增，这促使金融行业积极改变经营理念，更多地接触和依赖互联网技术，实现金融业务的自动化处理，降低处理数据的成本，提高业务效率。同时，金融行业也在此过程中顺应客户的投资需求，同时提供资金、证券、保险等金融投资服务，积极探索混业经营道路，以便在激烈的竞争中得以生存和发展。最终，互联网金融的发展促使金融市场体系将会实现行业内外的融合。金融体系横向综合化和纵向专业化的趋势将更加明显。

在横向上，金融行业内部以及金融行业与其他行业之间的界限将会日益模糊，金融行业内部混业经营或综合化经营的趋势将更加明显，金融市场的参与主体将更加多元化，金融服务业的生产边界进一步扩展。在纵向上，单个金融服务和业务的专业化将更为重要，例如支付、清算、托管、信息处理、定价等。金融体系将演变为横向综合化、全能化、一站式。而纵向专业化、定制化、一体化的"矩阵结构"。

3. 对货币政策的调整

按照中国传统的货币政策，货币是以供给作为中介目标以实现稳定物价、促进经济增长等最终目标，互联网金融业务的拓展使得在金融创新过程中创造了诸多类似活期存款的新型账户，这些账户具有较强的存款派生能力，而电子货币、虚拟货币具有高流动性、现金替代性的特征，因而互联网金融发展对传统货币政策将产生一定影响。此类影响并不是即时性的，也不会造成货币政策的重大调整。

一方面，互联网金融发展使得电子货币流动性程度高，资金支付结算效率也会相应提高，这将降低商业银行的超额准备金率，使货币乘数增大；另一方面，互联网金融发展也会降低货币需求。由于在互联网金融环境下，金融资产收益率提高，货币持币成本提高，而由于金融资产的流动性大，所以资产变现成本降低，间接降低了货币需求。但是，从整体来说，互联网金融的促进并没有使中国的货币政策进行根本性的调整。而对于互联网金融中虚拟货币的发行和影响，由于目前国内货币金融监管当局严控互联网虚拟货币的发展和使用，并没有对整个货币政策造成影响。

二、互联网金融的未来发展趋势

（一）多层级金融服务体系形成

互联网金融将助力社会形成多层级的金融服务体系，虽然在短期内互联网金融的出现不能使现有的金融结构出现颠覆性的改变，但是由于互联网的理念和模式会使资金配置更加直接和自由，再加上大数法则也会降低总体违约率，即使这个过程比较漫长，也可以通过互联网技术手段，最终摆脱传统金融机构在资金融通过程中的主导地位。

作为原有金融体系补充的互联网金融具有多样性和灵活性的特点，既能有效地将金融服务下沉至原本无法服务的广大个体客户中去，又能在原本没有涉猎的领域中开展，极大地提高了中国金融体系的灵活性和服务广度。这样多层级、立体式的金融环境可以全方位地满足需求，最终达到从初具想法创业，到企业步入正轨，再到发展壮大上市，甚至股份回购退市都有相应的金融平台支持的效果。

随着互联网金融势力涉足传统金融业的业务领域，其发展使传统金融业与之竞争加剧，传统金融业面临客户流失严重、资产业务竞争加剧等风险。从互联网金融的发展历程可以看出，互联网金融已从最初的仅提供支付转账业务向提供包括现金管理、余额理财、基金和保险代销、小微信贷等多方面的金融服务在内的一体化模式发展，同时促进了多层级金融服务体系的形成。

为促进中国市场金融结构的转型，不仅需要互联网金融的努力，也需要传统金融机构的支持。未来更可能的是，传统金融机构与互联网金融在更大的范围内和更深的程度上进行相互渗透和融合，从而提高整体金融效率。

（二）金融基础设施不断完善

金融基础设施是指金融运行的硬件设施和制度安排，其建设的三要素为：法律基础设施、会计基础设施、监管基础设施。金融基础设施越发达，其承受外部冲击的能力就越强，重视金融基础设施建设对一个国家经济发展、新兴经济与转型经济的金融稳定和社会安定有着十分重要的作用。

1. 互联网金融的发展促进法律基础设施的完善

法律基础设施是金融基础设施的核心，完善的金融法律是金融市场正常运转的保证。运行良好的法律体系有利于促进金融市场发展和刺激投资，进而带动经济增长。

中国涉及计算机和网络领域的立法工作还相对滞后，有关互联网金融的法律法规较少。以互联网银行为例，《商业银行法》《中国人民银行法》均没有针对互联网银行的有关规定。和网上银行相关的《电子签名法》《网上银行业务管理暂行办法》《电子银行业务管理办法》等法规缺少可以具体实施的规定，并且不能具体到新出现的组织形态及业务类型，使互联网银行在运行过程中游走在已有法律法规的边缘。

新互联网金融形态给国家法律调控带来了巨大挑战，与信息网络在国家发展战略和规划布局中的基础性、先导性地位相比，政策支持力度和投入明显不足，法律基础设施仍不能满足市场发展的需要。随着互联网金融领域的新业务层出不穷，更加完善的法律政策和良好的法律环境呼之欲出，直接促进了法律基础设施的完善。

2. 互联网金融的发展促进会计基础设施的完善

金融基础设施的第二个要素是会计基础设施。会计信息对于做出正确的、具有经济影响的判断和决策来说，是十分有用的。如果对公司的经营状况、个人的信用情况没有充分的信息披露，市场约束就不可能产生。建立在高质量的披露和透明度标准基础上的会计制度，能有效地为投资者提供指导信息，促进市场繁荣。因此，加强会计基础设施的建设是非常必要的。

随着互联网金融的发展，再加上发展过程中暴露出的实际问题，越来越多的企业发现，信息的不对称、信用信息披露的不完善是阻碍企业扩大业务规模的最主要阻力，在此背景下互联网金融为征信行业的发展孕育了广阔的市场，对于完善征信系统，加强信息披露力度，进一步降低由信息不对称所带来的风险，进而健全会计基础设施有积极的作用。

互联网金融带动征信业的发展体现在以下两个方面：

一是征信服务、产品的需求快速增加。在互联网金融时代，针对用户的精细化营销、个性化服务和批量化处理将成为主要业务模式，这就需要准确掌握服务对象的信用状况、风险偏好和消费习惯。同时，云计算、搜索和数据挖掘等技术的进步，将直接推动传统征信服务升级和催生新的征信产品。

二是征信机构构成将更加多样化。目前，中国主要有公共征信机构——中国人民银行征信中心及其他70余家社会征信机构。在互联网金融时代，互联网企业和金融机构也将进军征信业，建立新型的征信机构：一种是电商企业组建的征信机构，以阿里巴巴为代表，其依托支付宝等第三方支付平台，开展网络联保贷款、小额贷款和余额宝等业务；另一种是金融机构成立的征信机构，如中国平安成立的专门挖掘金融数据的征信机构，以征集P2P的借款信息、银行信贷记录以及车险违章等信用信息。

3. 互联网金融的发展促进监管基础设施的完善

金融基础设施的另一个重要因素是监管制度，旨在提高金融市场信息效率，保护消费者权益免受欺诈和渎职的侵害，保持系统稳定。构筑高效的监管制度，有利于最大限度地发挥监管基础设施的作用。

由于互联网金融业务的合法性难以界定，导致部分互联网金融产品游走于合法与非法之间的灰色区域，网络支付平台就有可能成为"帮凶"。如与传统金融业务相比，包括二维码支付、虚拟信用卡在内的创新业务，涉及不少新的流程和新的技术，这些金融创新无法受到既有规则管辖，存在一定风险隐患。目前，对互联网金融监管没有建立相关安全技术标准、统一的业务规则以及相应的消费者权益保护制度，监管部门如果仅通过后续"叫停"的方式，容易引起支付机构的强烈反应及社会的强烈反响。

互联网金融的发展无疑给金融监管和宏观调控带来了新的挑战。随着互联网金融涉及的金融相关服务范围逐步扩大，直接涉及公众利益，所以需要监管部门针对互联网金融不同模式的特性以及运营方式，对部分模式探索实施通过设立审批或者备案制，设立资本金、风险控制能力、人员资格等准入条件，并对同一模式中不同业务种类实行不同标准的差异化准入要求。从消费者角度看，消费者在权益的分配方面处于弱势地位，是互联网金融的主要风险承受载体。金融发展最终应当服务于实体经济，服务于中小微企业和社会的发展，因此，监管当局有必要重视消费者权益保护，维持金融市场体系的稳定。可以说，互联网金融的发展直接促进了新的监管政策、措施的出台，从长远来看，有利于加快完善整个监管基础设施的速度。

（三）移动互联网与金融加速融合

移动互联网是指互联网的技术、平台、商业模式和应用与移动通信技术结合并实践的活动的总称。移动互联网在带来便利的同时也会受到自身技术和移动终端设备能力的限制。移动互联网金融是传统金融行业与移动互联网相结合的新兴领域，在移动互联网的基础上呈现出社交化、个性化的趋势。目前常见的移动互联网金融服务包括移动银行、移动支付、移动证券、移动保险等。

1. 移动互联网

移动互联网是移动通信和互联网结合的产物，目前互联网产品移动化的趋势强于移动产品互联网化的趋势。一般认为移动互联网是桌面互联网的补充和延伸，其根本还在于应用和内容。移动互联网以宽带 IP 为技术核心，用户使用手机、上网本、笔记本电脑、平板电脑、智能本等移动终端，通过移动网络获取服务。

2. 移动互联网金融

移动互联网金融是传统金融行业与移动互联网相结合的新兴领域。移动互联网金融区别于传统金融服务业，采用不同的媒介，以智能手机、平板电脑和无线 POS 机等移动设备为代表，通过上述移动互联网工具，使得传统金融业务具备透明度更强、参与度更高、协作性更好、中间成本更低、操作更便捷等一系列特征。理论上任何涉及广义金融的互联网应用，都应该是互联网金融，包括但是不限于第三方支付、在线理财产品的销售、信用评价审核、金融中介、金融电子商务等模式。

最初的移动金融主要是金融机构借助移动通信技术为客户提供有关的金融服务。金融服务和通信技术的结合让人们可以不受时间和空间的约束自由地享受金融服务，初期的移动金融就是传统金融服务的移动化。随着互联网公司纷纷推出新的金融产品来抢占移动端市场，移动金融所包含的服务和内容也逐渐变得宽泛了，包括账户管理、支付清算、投融资理财等。参与者也不再仅仅是传统的金融企业，还包括电信运营商、第三方支付平台、移动平台制造商等。

3. 移动互联网金融的特点

移动互联网金融由于更加方便于用户操作，并且更加灵活，受到许多用户的偏爱。首先，移动互联网金融可以满足用户对移动性的要求。用户原本需要通过个人电脑端上网或者到银行网点才可以获得相应的金融服务，通过移动互联网可以在任何时间、任何地点享受这些服务，随时了解最新的资讯，获得更好的用户体验。

其次，移动设备也可以为用户提供更加精准的个性化信息。基于移动互联网的数据更加私人化，也更加丰富，很多金融服务的使用，从账号的申请开始就需要手机，移动金融平台通过与客户的双向交流收集信息，开展大数据分析来实现这种个性化。

另外，移动互联网金融还具备鲜明的移动社交属性。人们日常的社交互动更多地发生在移动端，在移动端做好移动产品的粉丝营销更容易获得成功，这为金融机构提供了全新的产品营销及服务渠道。

最后，移动互联网金融具备强大的横向渗透与资源整合功能，能够将移动金融作为中间媒介插入到生活场景中，可以在移动金融客户端应用中嵌入各类金融及非金融增值服务功能，例如基于定位的周边网点查询、在线排队预约、移动客服解疑、产品信息及提醒通知推送等，进一步提升用户好感度以及加强用户黏滞性。

4. 移动互联网金融发展潜力

移动互联网金融突破了互联网金融在时间和空间上的局限性，与我们日常生活更紧密地结合在一起，使人们能够随时随地享受便捷的金融服务。移动互联网在为人们的工作和生活带来极大便利的同时也会对传统金融行业的不足进行完善。另外，移动互联网金融也逐渐呈现出平台化、社交化、产业化的趋势，在移动端积累下的数据对征信体制的建立和完善起到一定的推动作用。

（1）与云计算结合

云计算与移动互联网金融的结合，为移动互联网金融带来了更多的想象空间。移动云计算是"云+端"的模式，利用后台的云，对终端设备进行快速适配，将很多应用放在终端中执行，实现了内容在台式机、平板电脑和手机上的同步。移动互联网与云计算的融合发展会不断催生新的商业模式和新的业态。移动云计算的快速发展可以为用户提供更大的存储空间、更强的计算能力、更低的成本，可以有效提升客户体验，提高运营效率。

如今，基金、银行、保险、P2P网络借贷等应用开始逐一迁往云计算，云计算能够增强互联网金融企业的数据存储能力和处理能力，帮助企业决策。对于移动互联网金融中小企业或创业者来说，云计算可以帮助中小企业不再受信息化建设量大和维护成本过高等问题的困扰，云计算支持用户采用弹性部署的方式，随需应用，按需付费，帮助中小企业降低信息化布局的成本。

（2）移动金融服务对金融行业的完善

传统金融行业发展滞后与不足是移动金融快速发展的动力。传统金融领域容易出现资金融通性差、配置效率低的问题，着眼于成本收益的比率，很少顾及小企业、个人的小额投资、小额贷款的需求，服务对象多是实力比较雄厚的大客户。移动金融发挥自身优势，在小额投资、小微企业借贷、个人贷款等小额交易中以较低的成本实现资金的匹配。

（3）"社交化""平台化""产业化"

社交化是移动互联网的一个重要特征，也是移动互联网的发展趋势。金融社交化将会成为移动金融发展的方向。移动互联网时代是一个"平台为王"的时代。企业通过打造强大的移动互联网金融平台才能引领行业的发展，才能在移动互联网金融市场中获得更好的发展。另外，移动互联网广阔的市场前景决定了移动互联网金融走向产业化的必然性。产业化的发展可以提升移动互联网金融满足客户需求、服务实体经济、带动相关产业发展的能力。当前，移动互联网金融尚处于初期，当越来越多的企业家、创业者进入移动金融领域后，必将创造出越来越多的产品，产业链各方也会纷纷加入，从而形成移动互联网产业集群，促进移动互联网金融从产品到产业的发展。

（四）大数据技术服务金融行业

随着信息技术和移动互联网的发展、金融业务和服务的多样化、金融市场的整体规模扩大，金融行业的数据收集能力逐步提高，存储了大量时间连续、动态变化的数据。这些大规模的数据经过处理分析之后成为非常有效的信息，为大数据与金融行业的结合奠定了基础。

1. 大数据金融

大数据金融的发展仍然处于初期阶段，因此并没有明确的关于"大数据金融"的定义。从本质来说，大数据金融是指依托于海量、非结构化的数据，通过互联网、云计算等信息化方式对其数据进行专业化的挖掘和分析，并与传统金融服务相结合，创新性地开展相关资金融通工作的统称。大数据金融可以为互联网金融机构提供客户的全方位信息，通过分析、挖掘客户的交易和消费信息掌握客户的消费习惯，并准确预测客户行为，使金融机构和金融服务平台在营销和风控方面有的放矢。

2. 大数据在金融行业的应用

（1）大数据在加强风险管控、精细化管理、业务创新等业务转型中起到重要作用

首先，大数据能够加强风险的可审程度和管理力度，支持业务的精细化管理。当前中国银行业利率市场化改革已经起步，利率市场化必然会对银行业提出精细化管理的新要求。其次，大数据支持服务创新，能够更好地实现"以客户为中心"的理念，通过对客户消费行为模式进行分析（比如事件关联性分析），提高客户转化率，开发出不同的产品以满足不同客户的市场需求，实现差异化竞争。

（2）大数据在小微企业信贷、精准营销、网络融资等领域加速推进

目前，大数据应用已经在金融业逐步推开，并取得了良好的效果，形成了一些较为典型的业务类型，如小额信贷、精准营销、保险欺诈识别、供应链融

资等。

3. 大数据金融发展潜力

（1）与社交网络融合

大数据金融与社交网络的融合将促进大数据金融的全面、多方位发展，成为未来的发展趋势。一方面，这种融合方式可以获得更全面的客户信息，拓宽客户信息的收集渠道。大量的数据有利于提高信用体系对客户信用程度评级的准确性，从而降低大数据金融的信用风险。另一方面，与社交网络融合的方式能够以低廉的成本获得客户信息，并且通过对社交圈用户的行为数据分析，总结规律，实现精准营销，推广大数据金融服务。

（2）信息流和金融流的融合

早在 2007 年，阿里巴巴就展开了同工行、建行的合作，进行小额信贷的新尝试，但是由于信用审核、风控理念之间的差异等一些原因，两方最终分道扬镳。如今电商金融化可以说并未完善，但是发展方向已经较为清晰。一方是以阿里巴巴为代表的金融平台，在获取银行牌照之前，以资产证券化、信托计划等方式筹集资金；另一方是以苏宁云商为代表的金融平台，直指民营银行牌照，希望在成立银行后，将信息流和资金流收归己用。从本质上来说，二者殊途同归，都是在掌握商品流、信息流的情况下，高效、低成本地获得资金流，从而建立自身的完整生态圈，对生态圈内的商户提供一条龙服务，提高用户黏性，提升竞争对手进入壁垒，在激烈的互联网金融竞争时代拥有一席之地。

（3）实现智慧金融

智慧金融是指通过内外兼修，准确应对、快速应变、有机处理繁杂数据，高效配置金融资源，敏锐洞察并引领客户需求的高度智能化金融商业形态。未来大数据金融发展的重点趋势之一为从传统的有时限的金融服务向全天候服务转变，打破地域限制，提供"始终在客户身边"的全场景金融服务。大数据金融将整合各类渠道，彻底打破时间和地域限制，运用网络化的社会资本，为客户创造最佳服务体验，实现智慧金融。

虽然大数据金融在中国处于发展初期，但是不少金融机构以及普通民众已经受益于大数据金融带来的发展与改变，这一新生事物因其自身的优势与当下现实的需求受到了公众的一致追捧。随着大数据金融领域法律法规的完善和监管职责的明确，大数据金融将在国家政府宏观调控和市场需求引领下茁壮成长。

（4）信用体系建立与完善

信用体系的建立是最重要的风险防范措施，传统的金融体系已经积累了很多数据，而互联网和移动互联网也拥有海量的数据，用户的所有网上行为都可被记录、被追踪，推动互联网金融全面进入央行征信体系，实现信息的共享，建立完善的互联网金融征信体系。利用征信体系加大对失信的惩罚力度，建立征信档案系统，配合征信体系建立大数据分析体系。利用大数据分析技术，能够让人们在未知规律的情况下运用计算机的处理能力，从大数据中发现规律的特点，来降低移动互联网金融的风险。

第二章 互联网金融的主要模式

互联网金融是一个集合性的概念，它包含着多种创新性的交易模式。关于互联网金融模式，有多种区分方法，有按照互联网金融的功能，将互联网金融划分为传统金融服务的互联网延伸、金融的互联居间服务和互联网金融服务三种模式。但大多数研究者都按照互联网金融的业务形态来区分和论述互联网金融的模式，即第三方支付模式、P2P 网络贷款模式、众筹融资模式、大数据金融模式、信息化金融机构模式、互联网整合销售金融产品模式以及虚拟货币等模式。因此，本章将对互联网金融模式的具体内容进行详细的论述。

第一节 第三方支付模式

一、第三方支付模式的基本内涵

（一）第三方支付模式的概念

第三方支付是具备一定实力和信誉保障的独立机构，采用与各大银行签约的方式，提供与银行支付结算系统接口的交易支持平台的网络支付模式。在第三方支付模式中，买方选购商品后，使用第三方平台提供的账户进行货款支付，并由第三方通知卖家货款到账、要求发货；买方收到货物，并检验商品进行确认后，就可以通知第三方付款给卖家，第三方再将款项转至卖家账户上。

第三方支付平台是指平台提供商通过通信、计算机和信息安全技术，在商家和银行之间建立连接，从而实现从消费者到金融机构以及商家之间货币支付、现金流转、资金清算、查询统计的一个平台。

第三方支付平台的盈利模式主要还是靠收取支付手续费。第三方支付平台与银行确定一个基本的手续费率，缴给银行；然后，第三方支付平台在这个费率上加上自己的毛利润，向客户收取费用。

（二）第三方支付模式的分类

当前，从事此类网上支付业务的第三方支付服务公司（机构）已经多达50多家，其业务模式有：支付网关模式——首信易支付；账户支付模式——支付宝。

第一类是支付网关模式，这是电子支付产业发展最成熟的一种模式。包括银行和很多第三方支付公司提供的在线支付，实际都利用了银行卡网关支付。限于这种支付形式提供的实际应用价值相对有限，而且并不十分方便，所以一定会被其他的支付方式所取代。

第二类是账户支付模式，比如支付宝，支付者可以通过网上的支付账号直接进行交易。目前大多数商户首选这种支付方式，同时这种支付方式还嵌入了数字证书之类的安全手段，加上它提供的多种配套服务以及符合中国人使用习惯的模式，使它占领了中国 B2B 以及 C2C 领域的大部分市场。

淘宝网、eBay、慧聪网都分别推出了各自基于第三方的支付工具"支付宝""安付通""买卖通"。同时，专门经营第三方支付平台的公司也纷纷出现，如网银在线、YeePay、支付@网、快钱网、西部支付等。到目前为止，全国有一定规模的第三方支付公司已有 20 余家。

（三）第三方支付模式的交易流程

第三方支付模式使商家看不到客户的信用卡信息，同时又避免了信用卡信息在网络多次公开传输而导致的信用卡信息被窃事件。下面以 BtoC 交易为例的第三方支付模式的流程为例。

1. 客户和商家都在第三方支付平台注册姓名、信用卡号等资料信息，并开设账号。

2. 客户在商家的网上商店进行购物，提交订单后，商家将客户在第三方支付平台的账号和支付信息传送给第三方平台请求支付。

3. 第三方支付平台向客户发出支付请求。

4. 客户通过第三方支付平台连接到开户银行进行支付。

5. 支付确认返回给第三方支付平台。

6. 第三方支付平台通知商家客户已经付款。

7. 商家向客户发货。

8. 客户收到货物并验证后通知第三方支付平台。

二、第三方支付模式存在的原因及风险

（一）第三方支付模式存在的原因

1. 第三方支付是商家和顾客间的信用纽带

由于电子商务中商家与消费者之间的交易不是面对面进行的，而且物流与资金流在时间和空间上也是分离的，这种没有信用保证的信息不对称，导致了商家与消费者之间的博弈：商家不愿先发货，怕货发出后不能收回货款；消费者不愿先支付，怕支付后拿不到商品或商品质量得不到保证。博弈的最终结果是双方都不愿意先冒险，网上购物无法进行。

第三方支付平台正是在商家与消费者之间建立了一个公共的、可以信任的中介，很好地解决了彼此间的信用问题。以 B2C 交易为例，第三方支付交易流程如下：

（1）消费者在电子商务网站选购商品，与商家讨价还价，最后决定购买。

（2）消费者选择支付方式（选择利用第三方支付平台作为交易中介），用借记卡或信用卡将货款划到第三方账户，并设定发货期限。

（3）第三方支付平台通知商家，消费者的货款已到账，要求商家在规定时间内发货。

（4）商家收到消费者已付款的通知后按订单发货，并在网站上做相应记录，消费者可在网站上查看自己所购买商品的状态；如果商家没有发货，则第三方支付平台会通知顾客交易失败，并询问是将货款划回其账户还是暂存在支付平台。

（5）消费者收到货物并确认满意后通知第三方支付平台。如果消费者对商品不满意，或认为与商家承诺有出入，可通知第三方支付平台拒付货款并将货物退回商家。

（6）消费者满意，第三方支付平台将货款划入商家账户，交易完成；消费者对货物不满意，第三方支付平台确认商家收到退货后，将该商品货款划回消费者账户或暂存在第三方账户中等待消费者下一次交易的支付。

从以上支付过程中我们可以看出第三方支付平台作为信用中介解决了买卖双方的信任问题，但第三方并不涉及双方交易的具体内容，相对于传统的资金划拨交易方式，第三方支付较为有效地保障了货物质量、交易诚信、退换要求等环节，在整个交易过程中，可以对交易双方进行约束和监督。

2. 第三方支付平台充当交易各方与银行间的接口

第三方支付平台将多种银行卡支付方式整合到一个界面上，充当了电子商

务交易各方与银行的接口，负责交易结算中与银行的对接，使电子支付更加简单、快捷。

在我国，目前网上支付主要有两种方式：一是直接通过公用网与金融专用网之间的支付网关完成；二是在公共网络环境中加入第三方支付平台，通过第三方支付平台与支付网关连接完成交易。

当消费者在网上选择好商品并选择支付方式的时候，网页上可能提供了几种甚至几十种银行卡在线支付方式。这是因为不同银行卡在不同地区具有支付功能，为了在网上能购买到满意的商品，消费者可能要在不同的银行开设不同的账户，并分别开通其网上支付业务。这对于消费者来说太过繁杂，而且会增加其在网上购物的成本。商家为了争夺客户也必须在多家银行开设账户。

引入第三方支付平台后，商家和消费者只需在第三方支付平台注册，由第三方支付平台和各银行签署协议进行账务划转，省去了商家和消费者与多家银行的交涉成本，使网上购物更加便利。同时，第三方支付平台的出现也是对银行零散的小额支付业务的补充。并为银行带来相应的利润。目前，第三方支付平台对接入的商家收取每笔交易金额2%的费用，其中1%是银行收取的费用。与第三方合作的银行越多，第三方经营业务的范围就越广，在同行业中的竞争能力就越强，要争取最广泛的银行合作也是第三方支付平台成功的关键。

（二）第三方支付模式存在的风险

1. 信息安全问题

第三方支付能否快速地成长及发展壮大，其网上交易的信息安全性是至关重要的。

一方面，第三方支付服务商由于是通过在线提供支付服务，产业链中的任何一个环节出现安全隐患都有可能转嫁到支付平台上；另一方面，网络技术的变化日新月异，对于提供钱包支付的服务商，其安全的级别不能低于银行的级别，要不断投入，时刻监控，应急处理各种纠纷等。国外支付商的经营预算中有相当的收入比例是投入到安全性与安全性纠纷的，对于国内第三方支付商在几乎没有盈利的背景下，这种不确定性风险加大了支付商的经营压力。

2. 洗钱风险

反洗钱国际组织——金融行动工作组（Financial Action Task Force，FATF）的一份报告称，互联网支付特别让FATF担心，因为用户可以在网上匿名开账户，所需仅是信用卡和银行账号，有时甚至只是一张长途电话卡。信用卡与银行卡还能追溯到个人，长途电话卡可以匿名购买，根本无从追溯个人记录。据中央电视台经济信息联播、第一时间等栏目报道，通过第三方支付平台洗钱已经成为一股汹涌的暗流，不仅对我国电子商务的健康发展积累了巨大风险，更挑战了我国金融监管的底线。随着第三方支付平台的不断发展，它的业务范围必然扩展到跨国交易支付上。届时，不仅国外黑钱可以通过第三方支付平台洗钱并进出入我国，国外热钱也可以通过它畅通无阻地投资于我国资本市场。虽然，我国的第三方支付平台还没有开展跨国支付业务，但绝不能忽视这种潜在风险，只有预先制定好相关的法律政策，才能在出现问题时及时应对。

3. 套现风险

信用卡套现是我国央行明令禁止的违法行为。信用卡的提现有一套控制制度，即通过交易成本限制它的使用，而在免费的第三方支付平台上，交易完全避开了这些提现成本。尤其是在我国股市行情较好的那段期间，大好的行情更加激发了人们套现的欲望，利用信用卡套现炒股的情况也日益严重，已经影响了银行资金的安全，如果这种现象持续下去，给我国银行体系和金融体系带来的危害将是毁灭性的。

4. 政策风险

在低层次竞争与多样化支付需求不对称的情况下，支付商为了经营与发展必然进行各种金融性服务的尝试。政策因素对支付商的主体服务资格与服务范围的不确定，影响着投入和服务的水平，同时使得有些服务扭曲变形，产业链源头和企业端的合作也掺杂了更多人为因素。政策的不确定性与部门资源的垄断增加了寻租，扭曲了服务，而随着服务量与用户的快速增加，经营风险箭在弦上。

三、案例分析——财付通

（一）简介

财付通是腾讯公司推出的中国领先的在线支付应用和服务平台，致力于为互联网个人和企业用户提供安全、便捷、专业的在线支付服务。财付通着力构建以个人应用、企业接入和增值服务为核心业务的综合支付平台，业务覆盖B2B、B2C和C2C等领域。财付通为个人用户提供收付款、交易查询管理、信用中介等完善的账户服务，并推出了一系列个性化账户应用，还为企业用户提供了专业的支付清算平台服务和强大的增值服务。

（二）业务领域

财付通是一个专业在线支付平台，其核心业务是帮助在互联网上进行交易的双方完成支付和收款。

财付通的服务有用户的财付通账户的充值、提现、支付和交易管理等；并且还提供支付清算服务和辅助营销服务、财富券服务、生活缴费业务、拍拍购物、影视博览、机票订购、游戏充值、话费充值、彩票购买、腾讯服务购买等。

除上面列举的服务之外，财付通还提供商家工具，主要有财付通交易按钮、网站集成财付通、成为财付通商户、虚拟物品中介保护交易等功能。

（三）发展历程

作为背靠腾讯在线的应用平台，财付通一开始走的也是模仿的道路。最初，财付通模仿支付宝依托 C2C 交易平台的支付模式，之后把重心调整到以航旅机票等 B2C 为主的支付上面。财付通推出了类似苹果公司的 App Store 的新型经营模式——财付通开放平台，把互联网中的开放平台引入第三方支付领域。开放平台是互联网的大势所趋，财付通开放平台也通过苹果 App Store 模式吸引众多的第三方开发商进入，由第三方开发商根据客户需求开发各种应用（如网上订餐、医院挂号、租车等）。而第三方开发商将自己研发的应用通过 QQ 客户端上的"小钱包"接入这一平台，与财付通联合运营。买家通过财付通付费享受平台上的应用服务，财付通则通过收取开发商一定的交易费而盈利。这一运营模式既为腾讯扩大了开发商市场，减少了应用开发费用，同时也赚取了很大收益。

（四）商业模式

1. 财付通提供多种手机支付方式，量身打造支付方案。随着 3G、4G 网络的逐渐普及，手机支付市场发展迅速，银行以及运营商纷纷加快拓展手机业务的步伐。目前，国内领先的在线支付平台财付通已经完成在手机客户端、WAP 网站、SMS 短信和语音支付等方面的全面布局，在提供丰富的手机业务产品的同时，支持余额宝支付、一点通支付、手机银行支付和信用卡支付等多元手机支付方式。财付通拥有庞大的用户群和商户资源，为其进入手机支付市场提供了坚实的后盾。随着商户陆续开通手机支付渠道，创新的应用将刺激用户关注更有价格优势、更加便捷的网络购物环境。

2. 财付通凭借腾讯独特的营销资源优势，全力开拓无线互联网应用支付。无线互联网是一个蓬勃发展的行业，腾讯公司从 2000 年运营短信业务开始，在无线领域已经覆盖短信、微信、IVR 语音、WAP、手机 IM、手机游戏等整个无线业务。财付通凭借腾讯在互联网终端应用方面的先驱优势，依托其领先的市场地位和庞大的用户群体，通过多层次安全措施和多样化支付方式建立了安全的移动支付体系，有效地推动了手机支付应用的普及，为用户提供了丰富、便捷的应用场景。

3. 财付通开创全新的商业模式，满足第三方厂商的无线支付需求。随着移动互联网应用的普及，传统互联网的业务正在迅速向手机平台转移，搜索、资讯、邮箱、聊天、购物、支付等应用都已经在手机上实现。财付通与中国移动、中国电信、中国联通三大运营商协商参与手机运营商合作运营模式，与苹果等第三方厂商合作，满足了无线互联网应用、电子商务应用的支付需求，有助于解决手机内容缺少收费渠道等问题。

第二节　P2P 网络借贷模式

一、P2P 网络借贷模式的基本内涵

（一）P2P 网络借贷模式的起源与定义

"P2P 网络借贷" 一词来自英文 Peer—to—Peer Lending，即点对点借贷。P2P 网贷是指借款人与投资人通过独立的第三方网络平台进行的借贷活动，即以 P2P 网贷机构为中介平台，借款人在平台发放借款标，投资者进行竞标向借款人放贷的行为。

根据中国人民银行 2015 年 12 月发布的《网络借贷信息中介机构业务活动管理暂行办法（征求意见稿）》的界定，P2P 网络借贷是指个体与个体之间通过互联网平台实现的直接借贷，属于民间借贷范畴；网贷业务是以互联网为主要渠道，为借款人和出借人实现直接借贷提供信息搜集、信息公布、资信评估、信息交互、借贷撮合等服务；网络借贷信息中介机构（简称网贷机构）是指依法设立、专门经营网贷业务的金融信息服务中介机构，其本质是信息中介而非信用中介，因此不得吸收公众存款、归集资金设立资金池，不得自身为出借人提供任何形式的担保等。

（二）P2P 网络借贷模式的业务流程

P2P 网络借贷的核心理念是借由互联网技术实现资金的快速流通，它摒弃了传统金融中介机构，简化了借款流程，借贷过程的本质是互联网时代的金融

"脱媒"，它的运营比较简单，通过建立一个网络平台来实现借款人与出借人的自行配对。其借贷业务的一般流程如下。

（1）借贷双方在 P2P 网络借贷平台注册，并上传个人信息，借款人在 P2P 网络借贷平台发布个人的借贷金额、借款用途、还款期限、还款方式、个人能承担的最高利率等信息，同时网站会提供一个最低利率或固定利率。

（2）第三方平台对借款人的个人信息进行审核，当网贷平台获得借款者的用户信息和借款信息后，平台根据用户信息，确定借款人的信用评级，对借款人的借款信息进行审核。由于目前 P2P 网贷行业尚未形成权威的信用评级体系，因此有时候还需要与专业的机构进行合作，以防范信用风险。

（3）投资者了解借款人的信用情况及借款信息后，根据个人风险承受能力和偏好，决定是否借贷以及借贷额度。

（4）根据利低者得的原则，如果较低利率的投标组合达到了借款人的需求，则借款成功，借贷双方达成交易，电子借贷合同成立。由于我国用户的投资理念比较保守，为了尽量规避信用风险，除了贷前审查，许多网贷平台还引入担保机构，以保障用户的资金安全。

（5）合约到期后，借款人依据事先约定的还款方式将一定数量的金额返还投资方，这时可能会出现两种情况：①借款人履约，按约还本付息。在这个过程中，P2P 网络借贷平台向借款人和投资方收取一定的服务费，具体收取费用的标准和收取方式会根据服务协议而定。②借款人违约，网贷平台要进行追讨，如果有担保则会进行赔付；如果没有担保，那么投资方就需要自己承担损失。

二、案例分析——宜信"新新贷"产品的申请

（一）融资产品申请材料的要求

P2P 融资根据不同的产品，需要提交不同的申请材料。目前，P2P 融资产品主要分为以下三类：针对工薪族的信用借款产品、针对企业主的信用借款产品、抵押类借款产品。

1. 针对工薪族的信用借款产品

借款人只需要提供详尽的个人资料和证明材料就可以获得借款额度，一般包括身份认证材料，如身份证、户口簿、住址证明、生活照等；职业收入认证材料，如工作证明、工资流水等；信用报告认证材料，如个人征信报告等；手机认证材料，如手机通话详单等。借款人提供的资料越全面、证明材料越多，获得的可借款额度就越大，同时会获得更高的信用评分等级。

以宜信的"新新贷"产品为例，借款人需提供本人的二代身份证正反面复印件、住址证明、工作收入证明、近六个月的工资流水、近一个月内的个人信用报告、手机通话详单、生活照。

2. 针对企业主的信用借款产品

企业主借款人除了提供详尽的个人资料和证明材料外，还需要提供公司的证明材料，如企业"四证"、办公地址证明、经营凭证、经营地照片等；信用报告证明，如个人信用报告、企业信用报告等；收入证明材料，如个人账户流水、公司账户流水等。此外，借款人还可以提供财力证明等辅助申请材料，如房产证明、车产证明、金融资产证明等，以证明借款人的实力，获得较高授信。

以"新新贷"产品为例，借款人需提供本人和担保人身份证、营业执照、至少一份完整的近六个月对公或对私的银行流水、对账单或网银截图、经营地和居住地的房产证（或购房合同）或租赁合同、经营地和居住地近三个月的公共事业收费单、客户与申贷企业最大个人股东的个人信用报告、经营场所照片。

3. 抵押类借款产品

借款人需要提供基本的个人资料以及抵押物的相关证明材料，一般包括身份证明材料，如身份证、住址证明等；收入证明材料，如工作证明、个人银行账户流水等；抵押物证明，如车辆登记证或行驶证、房产证或土地证及产调（产权调查报告）等；信用报告证明，如个人信用报告等。

以宜信的房屋抵押借款为例，借款人需提供身份证、结婚证、工作证明或营业执照副本、半年银行流水、房产证、土地证及产调、二居所证明、信用报告。

（二）融资材料的准备

1. 中国人民银行个人信用报告

（1）进入平台官网。打开中国人民银行征信中心个人信用信息服务平台官网首页，单击"马上开始"。

（2）用户注册。单击"新用户注册"；填写标识信息、验证码，阅读服务协议，单击"下一步"；填写用户基本信息，然后单击"提交"；注册完成，页面提示用户注册成功。

（3）登录平台。返回个人信用信息服务平台首页，单击右上角"登录"，填写登录名、密码、验证码；通过"新手导航"页面，单击"确定"。验证方式包括问题验证和数字证书验证。自 2014 年 10 月 20 日起，中国人民银行征信中心与中国银联合作，推出新的身份验证方式——银行卡验证。

（4）身份验证。

（5）提交申请后，即获得个人信用报告。

2. 银行工资账户流水

在准备 P2P 融资申请材料时，除了需要工作和收入证明外，一般还需要提供至少最近三个月的银行工资账户明细清单或最常月的银行账户的流水清单，以便与收入证明相印证。

3. 房屋产权调查报告

房屋抵押类借款一般还需提供房屋产调，即产权调查报告。房屋所有权证上虽然有房屋的权利人、地址、建筑面积等基本信息，但是却不包含该房屋是否存在抵押、查封等权利限制的情况。如果一套房屋存在查封无法交易的情况，光看房屋权利人的产权证原件是无法发觉的。产调一般可以到当地的房地产交易中心获取，携带产权人身份证、房屋地址、查阅费即可办理。

（三）P2P 融资申请

在所有申请材料准备齐全后，借款人便可通过 P2P 平台的官网或者 APP 进行借款申请。借款申请一般包含以下几个步骤：注册用户并通过实名认证；填写借款申请，选择借款金额、期限和利率，提交借款申请。下面，通过一个实例，具体介绍 P2P 融资申请的操作方法。

张先生是一家小微企业主，为即将到来的旺季备货，希望通过 P2P 融资获取一笔短期流动资金。那么，如何通过 P2P 平台在线申请融资呢？

步骤 1：选择合适的 P2P 融资平台。

根据张先生的融资需求，应该选择一家服务小微企业的 P2P 融资平台。通过网络检索，我们发现"新新贷"是一家专注于服务小微企业的 P2P 平台，截至 2015 年年底，已向 19034 位小微企业主发放了超过 40 亿元的借款。该平台成立于 2012 年 2 月，由新新贷（上海）金融信息服务有限公司运营，总部位于上海。是中国互联网金融协会首批会员单位，在全国设有数十家分支机构，为有投资、借款需求的人们提供专业、阳光、透明、规范的金融信息服务，致力于用公平金融的理念改善每个人的生活品质，特别是"新商贷"等特色产品为广大小微企业提供了一条解决融资难题的新途径。

步骤 2：注册"新新贷"用户并通过实名认证。

登录"新新贷"官网，单击首页的"注册"，然后使用手机号或邮箱完成注册。随后，根据提示输入姓名、身份证号，通过实名认证。

步骤 3：进入借款页选择合适的借款产品。

用注册的账号登录官网后进入首页，单击"我要借款"，进入产品列表根据融资需求，选择一款产品，如信用类的"新商贷"，进入申请页面。

步骤 4：申请信用类产品"新商贷"。

进入"新商贷"产品申请页面后，首先填写申请地区、借款用途、金额、利率、还款方式、期限等借款基本信息，然后填写借款标详细说明，最后输入验证码，单击"提交"即可。此时，借款标会显示在"新新贷"操作后台，官网平台中不会显示。随后，融资客户可根据要求输入各项资料。

步骤 5：完善资料。

此步骤要求借款人完善个人基本资料、固定资产资料、私营业主资料、财务状况、联系方式和配偶资料，填写完整并保存。

至此，进入了"新新贷"人工审核环节。借款人根据融资客户经理要求的资料清单，线下提交完整的申请材料原件或复印件。待线下审核成功后，在步骤 3 中提交的借款标将会同步到官网首页，借款标进入平台招标环节。待满标复核后，借款人申请借款提现，完成借款流程。

第三节　众筹融资模式

一、众筹融资模式的基本内涵

（一）众筹融资模式的概念

顾名思义，众筹就是大众筹资，就是指利用团购和预购的形式，向互联网用户募集项目资金。众筹最初是利用互联网和社交网站的传播性，让创业企业、艺术家或个人向对公众展示他们的创意及项目，以赢得大家的关注和支持，进而获得所需要的资金援助。

众筹模式具有以下几个特点。首先众筹融资模式基于网络平台，项目通过在网络上发布，吸引潜在的客户或投资者，不仅发挥了融资渠道的功能，也充当了市场推广的手段。其次，众筹融资平台会公布众筹项目的进展，可以使投资人帮助融资人做出决策，从而使产品更符合市场需求。最后，众筹融资平台有其独特的运行规则和模式，一旦筹资不成功，即要按照平台的规则予以退款。

（二）众筹融资模式的运行方式

众筹融资模式的主体由筹资人（又称项目发起人）、众筹融资网站平台和投资人构成，筹资人负责制定众筹项目以及配合众筹平台提供资料，众筹平台负责审核项目和筹资人资质，协助筹资人制作众筹项目的主页和进行推广宣传，在筹资金额达到项目要求时转付项目资金，未达到时要求退还资金。投资人通过浏览众筹平台，选择自己感兴趣的投资项目，在规定时间内支付投资款到众筹网站账户。

具体来说，众筹融资模式主要遵循以下几个步骤。

1. 设计项目

筹资人为了促使众筹项目能够成功，必须向平台提交详细的创新项目计划书，介绍创新项目的内容、开发进度、市场回报率以及潜在的风险。同时，依据创新项目发展的需求，制定该筹资项目的计划，包括设定筹资目标金额、筹资期限等。

2. 审核项目

在项目设计书完成后，众筹融资平台将对筹资人提交的创新项目计划书和众筹项目计划书进行尽职调查，根据需要众筹网站可能会要求筹资人追加提交相关技能资质证明书、筹资人简历、产品样品等辅助材料，以便掌握项目真实性和发起人资质，帮助项目筛选。

3. 创建项目

项目通过众筹网站审核后，就进入了项目上线准备阶段。该阶段由筹资人或众筹平台制作众筹项目的文宣方案、图片视频、网页设计等工作，以介绍自己创意产品以及筹资需求。同时，筹资者设定筹资的模式、期限、额度和回报，一个众筹项目可以设定多个投资档位，不同档位的回报也不尽相同。

4. 项目上线

部分众筹融资平台在筹资开始前设有项目"预热期"，利用网站公示、公共社交网络推广、在线广告等宣传手段对在筹项目进行推广宣传，以提高项目关注度，吸引对该类项目感兴趣的投资人，并且试探市场对该项目关注程度来确定是否公开募集，而有些众筹融资平台则直接将项目上线推广。

5. 项目筹资

众筹项目通过了预热期测试或上线公开募集后，投资人可以对在筹项目进行投资，资金暂时汇集在众筹网站指定账户，如果在规定的期限内完成目标金额，众筹网站抽取佣金，并将所筹资金汇入筹资人账户，众筹项目成功；如果未达到预期目标金额，众筹网站则将所筹金额退还投资人，众筹项目失败。

6. 回报实现

筹资完成后，项目进入执行阶段。筹资人需定期汇报项目进度，投资人如有疑问也可与筹资人联系咨询。创新项目执行完成后，商品众筹无论盈利与否，都会按照约定寄送实物回报给投资人；股权众筹如果项目盈利，筹资人需按照约定兑现资金回报承诺，如果项目亏损，投资人需要和筹资人共担风险，一同承担损失。

二、案例分析——餐饮众筹兴起

近年来，互联网众筹行业兴起，因其投资门槛低和操作方便等特点，不少中小投资者看准了餐饮众筹这一项目，咖啡馆、火锅店、茶馆、休闲餐厅、酒楼等众筹项目不断涌现，显示出旺盛的市场需求。但与此同时，餐饮众筹项目失败的速度也让人大跌眼镜。

(一) 长沙最大的众筹餐馆"印象湘江"开业一年多关店

2015 年 10 月 28 日晚，"印象湘江"世纪城店多位股东宣布，由于资金断链、债务缠身，该店难以经营下去，决定从 29 日起正式停业，进行清算。而一年之前这家店开业时，作为当时长沙以众筹方式开办的最大的一家餐馆，曾引起舆论广泛关注，在一年的时间内又开了两家店面。谁也没想到，93 位股东筹集 100 万元开的店，一年后负债 100 多万元，最终只能关店。

(二) 杭州首家众筹咖啡馆"聚咖啡"停业

2015 年 4 月，有媒体曝出杭州首家众筹咖啡馆"聚咖啡"已经关门停业。据中申网了解，"聚咖啡"成立于 2014 年，当时共有 110 名股东出资，共筹得 60 万元资金用来维持咖啡馆的运营。但是好景不长，原"聚咖啡"董事长称由于店铺房租贵，加之股东多、意见多，因而决策效率不高，以及股东热情消减等各方面原因，咖啡馆最终不得已停业。

"印象湘江""聚咖啡"的倒闭，并不是餐饮众筹失败的个例。北京、武汉、常州、东莞等地也有众筹餐饮企业因为经营不善而倒闭的情况。在北京建外 SOHO 筹集了 66 位股东 132 万元资金的 Her Coffee，也在经营一年后关店；武汉的"CC 美咖"、长沙的"炒将餐饮"等众筹餐厅也先后倒闭。

优质项目少、股东众多而决策效率低、财务不透明、行业利润率低、缺乏投资者教育等，都是导致当前餐饮众筹项目快生快死的重要原因。虽然餐饮众筹在一定程度上能够解决餐企融资难问题，但是经营者的管理能力才是决定餐厅业绩的关键。众筹餐饮企业股东众多，这是其开起来的关键，也是其惨淡收场的原因。未来餐饮众筹如何发展，的确是一个需要思考的问题。

第四节　大数据金融模式

一、大数据金融模式的基本内涵

（一）大数据金融模式的概念

大数据首先意味海量的数据。大数据金融将海量结构化和非结构化数据进行收集，通过分析这些数据，将尽可能多的用户信息提供给互联网金融企业。大数据金融能够帮助互联网企业挖掘并分析用户的交易和消费信息，从中找出相应规律，以掌握客户的消费习惯，从而对用户未来的消费行为进行预测。

（二）大数据金融模式的运行模式

拥有海量数据的电商企业开展的金融服务即为大数据金融服务平台。目前，大数据服务平台的运行模式可以分为两种：一种是平台模式，另一种是供应链模式。平台模式中，互联网金融企业建立一个交易平台，许多客户注册加入，在平台上发布产品信息或其他需求信息，平台为其提供数据和资源，而这些数据和资源则是通过平台本身统计或与其他平台进行对接获得，这些交易数据经过分析和挖掘，即可作为了解客户行为习惯、信用水平等的重要依据，从而开展商品交易、信用贷款等服务。

供应链模式中，互联网金融企业以海量数据为基础，建立在传统产业链上下游的企业通过资金流、物流、信息流组成了产业供应链条信息流。企业通过平台凝聚的资金流、物流、信息流，了解产业信息，连接上下游的其他企业，互联网金融企业作为信息提供方或担保方，与银行等金融机构合作，对产业链条的上下游进行融资的模式。

（三）大数据金融模式的优势

1. 大数据客观，精准匹配

大数据金融是通过大数据技术搜集客户交易信息、网络社区交流行为、资金流走向等数据，了解客户的消费习惯，从而针对不同的客户投放不同的营销和广告，或分析客户的信用状况。由于此类数据是根据客户自身行为而搜集的，数据客观、真实。因此，针对客户制定的营销方案和偏好推荐也能做到精准化，匹配度较高。

2. 交易成本低，客户群体大

大数据金融是以云计算为技术基础，云计算是一种超大规模的分布式计算技术，通过预先设定的程序，云计算可以搜寻、计算、分析客户的各类数据，并不需要人工参与。因此，云计算技术降低了搜集数据、分析数据的成本，不仅整合碎片化的需求和供给，而且也使交易成本大大降低，实现跨区域信息流动和交流，客户群体也随之增长。

3. 数据及时有效，有助于控制风险

在大数据金融模式中，互联网企业通过设定各种风险指标，例如违约率、迟延交货率、售后投诉率等，搜集的客户数据都是实时的，因此其信用评价也具有即时性，因而有利于数据需求方及时分析对方的信用状态，控制和防范交易风险。

二、案例分析——京东供应链金融模式

对许多电商企业来说，供应链金融或许还是新鲜事，但对京东来说却不一样。"一分钱难倒大网店"的事情并非孤例。向工厂下单需要定金，日常运营需要费用，遇到像"双 11"这样的大型促销活动，商家更要提前大量备货，称自己的营运资金短期内根本不够应对。京东为了缓解自身平台上电商企业的这一困境，早在 2012 年就开始做供应链金融业务。

（一）"京保贝 1.0"

2012 年年底，京东开始做供应链金融服务，当时的做法与很多有应收账款的企业一样，主要是和银行合作。具体来说，就是京东把供应商的应收账款按单笔的融资推给银行，但这种做法效率比较低，一般需要二至五天才能放款，而且事后也比较难监管，整个操作过程的局限性很大。2013 年 7 月，在整理和分析整个京东平台数据后，京东发现，其实可以通过数据整合的方式，把一些金融风控点放到数据层面，这样就可以利用数据系统自动地去判断风险，因此京东就把这些数据集成了一个庞大的数据池。同时，也把应收账款的各种进项和负项放进去，这样就形成了京东供应链金融最初的授信和风险管理系统。供应商通过这个系统就会自动生成一个授信额度，只要在这个额度内，申请任何一笔融资，京东都可以以"秒级"速度放资，而且是动态调整的，这就是京东最初的"京保贝 1.0"时代。

（二）"京小贷"

2014 年 10 月 28 日，京东第二条产品线上线，这就是"京小贷"。"京小贷"是一款强调以信用为基础的金融产品，利用大数据实现自动授信和准入，并有多个数据模型控制贷款流程及贷后监控，其有操作简便、无须抵押、自主利率、循环额度、一分钟融资到位、全线上审批、随借随还等优势。根据大数据信用基础，京东就可以对线上供应商提供无抵押、额度最高达 200 万元的小额信贷。商家通过商家账户登录京东金融平台，即可在线查看贷款资格并申请贷款。成功贷款后，资金将会即时到商家所绑定的网银钱包账户，并与商户在京东的支付、结算等流程无缝连接。正是基于京东商城对商家的准入门槛较高、对销售正品行货的监管严格而积累的一大批诚信经营商家，"京小贷"设计了线上自主申请、系统自动审批的贷款流程，并支持最长 12 个月的贷款期限。平台商家的贷款年利率为 14%～24%，低于同业水平。

在风控上，"京小贷"其实还是延续了原来的"京保贝"的一些理念，而且是业内不多的基于交易数据的风控技术之一。基于京东高质量的大数据优势，"京小贷"在风控体系上创新出了"天平模型""浮标模型"等用于商家评价和风控的辅助手段。融资需求方只要轻点鼠标申请此项业务，自动化风控系统就高效运转，两秒钟之后就可以计算出这一贷款申请是否可以放款，客户体验相当好。

可以看出，"京保贝""京小贷"这两项京东金融产品，都是在京东大数据、实时数据基础上，通过京东金融团队强大的数据分析能力探索出来的。这两项金融产品，就是为服务京东生态体系而开发的，加速了京东的整个生态体系的高效运转，为京东生态圈作出了巨大贡献。

第五节　信息化金融机构模式

一、信息化金融机构模式的基本内涵

（一）信息化金融机构模式的概念

所谓信息化金融机构，也称为网络银行，是指传统金融机构利用现代信息技术，通过互联网，向个人用户和公司用户提供金融产品和金融信息的金融服务，以优化传统经营、管理流程，实现全面电子化。

（二）信息化金融机构模式的优势

信息化金融机构有其独特的优势。首先，由于金融机构掌握了大量真实可靠的客户数据，金融机构可以搜集、利用这部分客户数据进行智能化分析，发掘客户的需求，推出更具个性化的金融服务或解决方案。其次，信息化金融机构通过对技术的革新和对信息的多层次利用，降低了金融机构在互联网下实体网点的人力、租金等方面的成本。从而使金融机构收益获取方式发生改变。再次，信息化金融机构依靠互联网和代理商制度提供金融服务，提升了客户体验，增加客户黏性。目前，主要的大型商业银行已经建成了由自助银行、电话银行、手机银行和网上银行构成的电子银行立体服务体系，客户只需要一部手机或一台电脑，连接到互联网，就可以实现多种银行业务，十分便利。最后，随着互联网金融市场竞争的加剧，金融机构也利用互联网在线上开发了多种金融服务产品，从而增强自身在金融市场上的竞争优势。

实质上，金融机构信息化是金融业发展不可逆转的趋势之一。未来，传统金融机构在互联网金融时代要想赢得一席之地，实现稳步发展，就必须要充分利用互联网信息化技术，依托自身客户基础好、资金雄厚、品牌信任度高、风控体系完善等优势，紧跟互联网金融大潮，发展完善信息化金融机构体系。

二、案例分析——互联网证券和互联网保险

（一）互联网证券面临的机会与挑战

自 2013 年开始，互联网对证券业的改变逐渐显现，方正证券、华创证券、国泰君安作为第一批"吃螃蟹"的券商，纷纷开始拥抱互联网，齐鲁证券成为首家获得中国证券登记结算有限公司授权认可网上开户的证券公司。不过最吸引人眼球的当属国金证券联手腾讯推出首款互联网金融产品"佣金宝"，投资者只需通过腾讯网进行网络在线开户，即可享受万分之二的交易佣金——剔除规费后几乎相当于零佣金。"万二"开先河的做法让全行业感到"压力山大"。除"降佣"之外，券商已采用多种形式"触网"，希望能杀出一条"血路"，互联网金融、非现场开户因素导致券商开始了新一轮佣金战。纵观近年来公开报道，证券公司在互联网证券方面的尝试大部分集中在这样几个方面：网上开户、开设网上商城售卖理财产品、与互联网公司合作导入流量，目的就是尽可能快速争抢线上客户资源。

但当前互联网证券的创新业务无论是业务量还是利润贡献，与预期都存在一定差距。几家最初在淘宝开设网店的证券公司店铺，其网店仍存在"浏览量低、产品销售量少、缺乏互动"等情况，甚至有的券商的淘宝店铺已经停止运营。另外一些中小券商自建的网络销售平台，同样也出现成交量冷清、用户不多的尴尬窘境。通过客户规模进行变现的方式有很多，如利息收入、资管业务、理财产品销售、投顾服务等，而这些最终考验的依然是券商的专业能力，互联网只是展示能力、让客户快速了解相关产品和业务的窗口。

（二）互联网保险典型公司——众安保险

众安在线财产保险股份有限公司（简称众安保险），是国内首家互联网保险公司，由蚂蚁金服、腾讯、中国平安等国内知名企业，基于保障和促进整个互联网生态发展的初衷发起设立的，并于 2013 年 9 月 29 日获中国保监会同意开业批复。众安保险业务流程全程在线，不设任何分支机构，完全通过互联网进行承保和理赔服务。截至 2015 年 4 月，众安保险已累计服务客户数超过2.5 亿，累计服务保单件数超过 16 亿。

"众安要做有温度的保险和面向未来的保险"。这是 CEO 陈劲对众安保险的构想。在他看来，目前众安保险已经明确基于互联网生态、直达用户，以及开发空白领域三个发展定位，而这一切的抓手则是"大数据"。①

马云曾提到，人类已经从 IT 时代走向 DT 时代，IT 时代是以自我控制、自我管理为主，而 DT（Data Technology）时代，是以服务大众、激发生产力为主。IT 与 DT 看起来似乎是一种技术的差异，但实际上是思想观念层面的差异。

在陈劲看来，众安保险属于后者。"传统的保险产品是基于经验数据，而互联网保险则是基于关联数据。其中前者是固化的，有沉淀周期，然后再建立一套模型来做精算；而互联网保险所依据的关联数据是动态的、实时的"。②

众安保险作为首家互联网保险公司，始终以服务互联网生态为定位。正如互联网+的发酵一样，众安+也一直在与各行各业发生化学反应。例如众安+电商场景，推出的退运险、众乐宝、参聚险等服务买家卖家；再如众安+互联网金融，推出的账户安全险、盗刷险、借款保证险，从而多重保障资金安全。如今，众安保险正积极投入传统产业互联网+的进程中，未来将为更多谋求互联网+的行业企业打造创新解决方案。

---

① 陈劲. 未来公司领导 [M]. 深圳：海天出版社，1998.
② 陈劲. 未来公司领导 [M]. 深圳：海天出版社，1998.

第六节 互联网整合销售金融产品模式

一、互联网整合销售金融产品模式的概念

互联网整合销售金融产品模式比较容易理解，即商业银行、证券公司、基金公司等金融机构，以及互联网金融企业等主体通过互联网平台线上销售理财产品。通常而言，线下销售的金融理财产品要求起投金额较高，而线上销售的金融理财产品起投金额较低，有的是 1000 元起投，有的是 100 元起投，甚至是无最低额限制，适合大众参与投资。目前，最为大众所熟知的在互联网上销售的理财产品就是阿里巴巴与天弘基金合作开发的"余额宝"理财产品。余额宝实质上是一个货币基金产品，支付宝用户通过简单的网上操作，即可以将支付宝账户的资金。或银行卡的资金转入余额宝账户，享受低风险的固定收益。之所以受到广大用户的欢迎和接受，是因为余额宝的收益通常较同期银行定期存款利率高的同时，它能够任意支取和投入，对于用户而言，资金流不会受到任何约束。可见，金融理财产品在互联网金融的浪潮当中，不断实现创新和突破，成了互联网金融时代一种新的交易模式。

二、案例分析——天弘基金

据中报统计，截至 2017 年 6 月 30 日，该公司公募基金持有人已增至 3.75 亿。其中，余额宝用户数接近 3.69 亿，较去年底增加 13.53%；19 只系列指数基金的用户数突破 300 万。

据天相投顾统计，2017 年上半年，天弘基金共为投资者赚取收益 230.22 亿元，居行业第一；截至 2017 年 6 月 30 日，公司成立以来累计为公募客户创收超过 900 亿元。在赚钱效应驱动下，越来越多的用户加入天弘基金持有人的行列。据中报数据，截至 2017 年 6 月底，天弘基金旗下公募产品持有人已达 3.75 亿户，较 2016 年年底增加 12.95%；旗下 53 只公募产品中有 13 只用户数在 10 万以上，其中天弘余额宝、天弘沪深 300、天弘安康养老持有人数量均在百万级别。

值得注意的是，天弘系列指数基金继续受到广大散户青睐，总用户数接近 310 万。其中，天弘沪深 300 用户数最多。截至 2017 年年中，用户数接近 172

万，其中散户持有份额达 97.25%。天弘创业板、天弘中证 500、天弘中证医药、天弘上证 50、天弘中证食品饮料用户数均在 10 万以上。

据了解，天弘系列指数基金 2015 年推向市场，囊括 19 只发起式指数基金，覆盖宽基指数，各类主题、行业、策略等，具有"覆盖广""费率较低"的独特优势，主要面向互联网客户。根据 Wind 数据统计，天弘系列指数基金管理费、托管费分别为 5%、1%，处于同类较低水平。

在保持和拓展现金管理业务优势的同时，天弘基金致力于打造更加完善的产品线，不断提升债券和权益资产管理能力，积极布局养老、大数据应用、股权投资等业务。此外，天弘基金也在抢占智能投顾风口。目前天弘基金已经与蚂蚁聚宝、天天基金、雪球、盈米财富、积木盒子等众多第三方机构进行了开放性联动合作，也推出了基于自身策略的智能投顾产品——理财篮子。

第七节　虚拟货币

一、虚拟货币的基本内涵

（一）虚拟货币的定义

虚拟货币是指由一些网络服务运营商在自己网站发行的以数字形式存在与传输，有支付功能的新型货币形式。

（二）虚拟货币的分类

1. 网络游戏虚拟货币

根据文化部、商务部联合下发的《关于加强网络游戏虚拟货币管理工作的通知》，网络游戏虚拟货币是指由网络游戏运营企业发行，游戏用户使用法定货币按一定比例直接或间接购买，存在于游戏程序之外，以电磁记录方式存储于网络游戏运营企业提供的服务器内，并以特定数字单位表现的一种虚拟兑换工具。网络游戏虚拟货币用于兑换发行企业所提供的指定范围、指定时间内的网络游戏服务，表现为网络游戏的预付充值卡、预付金额或点数等形式，但不包括游戏活动中获得的游戏道具。

2. 网站专用虚拟货币

网站专用虚拟货币，一般是指门户网站或者网络产品服务商发行的专用货币。用于购买本网站内的服务。例如，腾讯集团公司发行的 Q 币、Q 点，百度网站的百度币、点券和新浪网推出的微币。用户通过完成分享任务或利用现金购买这些专用虚拟货币，可以在该等网站中用于购买会员资格，获得阅读权限，下载音乐网、影片、电子书等服务。

3. 独立发行的虚拟货币

所谓独立发行的虚拟货币，是指依据特定的计算机算法产生的，接近于真实货币的虚拟货币，且有传统货币的功能，如比特币（Bitcoin）、莱特币（Litecoin）、泽塔币（Zetacoin）、无限币（infinitecoin）等。其中，最先出现也是最为大众所知的独立发行的虚拟货币就是比特币。比特币（BitCoin）的概念最初由中本聪在 2009 年提出，它是一种基于网络、开源点对点（P2P）匿名的网币形式，通过复杂的算法和计算产生。比特币的总数量非常有限，只有 2100 万个用户可以通过"开采"或交易取得，具有极强的稀缺性，因此具有较高的价值，甚至可以兑换成大多数国家的货币，具有货币的职能。

二、案例分析

（一）Q 币

Q 币是腾讯公司推出的一种虚拟货币，可以用来购买 QQ 会员服务、话费充值、购买 QQ 游戏道具等，可以通过购买 QQ 卡、电话充值、银行卡充值、网络充值、手机充值卡、一卡通充值等方式获得。QQ 卡面值分别为 10 元、15 元、30 元、60 元、100 元、200 元。

目前，国内发行的虚拟货币中，Q 币无疑是使用最广泛的虚拟货币。同时，Q 币和人民币之间存在着兑换关系，一般来说，1Q 币 = 1 元人民币。另外，使用 QQ 钱包、微信支付、财付通等快捷支付方式可以享受 95 折优惠。

（二）比特币

BitPay 公司是全球最大的比特币支付处理商，其办公地点分布广泛。该公司已获得融资 3200 万美元，目标是成为互联网货币领域的 PayPal。BitPay 提供各种支付的后端技术支持，也提供前端的购买按钮嵌入服务。BitPay 接受用户（交易中的付款方）的比特币，然后向商户（收款方）的账户里打入法定货币，所以商户并没有什么不习惯，因为他们还是像以前一样会拿到钱。区别在于，按照传统的支付方式，如果你是中国的一个小商户，要接受非洲某国商户的汇款是非常麻烦的，手续费也很高，而 BitPay 则可以大大降低交易成本。

2014 年 11 月还只有 1300 多家商户使用 BitPay 的服务，后来 WordPress 决

定接受比特币，带动了一大批商户加入。现在 BitPay 已经有近 2100 家客户。创始人 Gallippi 认为比特币会逐渐被大众接受，就像 E-mail 一样。E-mail 最初是被企业采用的，十年后才在普通人中流行开来。他还声称信用卡从来就不是为互联网设计的产品，现在的支付正在发生变化，VISA 每年在预防诈骗上要花十亿美元，而比特币会彻底消除这些花费。

从柏林的唱片店 Long Player 到加州圣塔莫尼卡的花店 Flower Lab，更多零售商接受了比特币，因为越来越多的消费者买进这种货币，它的价值也得以提升。CoinMap（该网站展示接受比特币的实体公司和商户）上的企业数已增至三倍，超过了 2100 家。

在我国，北京已有一家餐馆开启了比特币支付，该店从 2013 年 11 月底开始接受比特币支付。消费者在用餐结束时把一定数量的比特币转账到该店账户即可完成支付，整个过程类似于银行转账。该餐馆曾以 0.13 个比特币结算了一笔 650 元的餐费。

第三章　互联网金融生态系统

互联网金融生态简单来讲就是各种互联网金融组织为了生存和发展，各类互联网金融活动主体之间、互联网金融活动主体与其外部生存环境之间在长期的密切联系和相互作用过程中，通过分工、合作所形成的具有一定结构特征，发挥一定功能作用的动态平衡系统。本章主要针对互联网金融生态系统进行分析和论述。

第一节　互联网金融生态系统概述

一、互联网金融价值链

（一）价值链的内涵

关于价值链，国内外很多学者做过研究。国外的研究成果侧重于价值创造，认为越来越多的企业处于网络组织之中，该网络不仅有供应商、顾客，同时还有竞争对手。在专业化分工的生产服务模式下，由处于价值链上不同阶段和相对固化的企业及相关利益体组合在一起，共同为顾客创造价值。企业竞争优势归根到底产生于其为客户所能创造的价值。竞争优势有两种基本形式，即成本领先和差异化。国内的研究成果侧重于产业关联，认为产业依据前、后向的关联关系组成的一种网络结构称为产业链。产业链的实质就是产业关联，而产业关联的实质就是各产业相互之间的供给与需求、投入与产业的关系。根据产业关联关系，我们可以把互联网金融产业链看作是互联网金融业上下游各方相互竞争与合作，共同为客户创造价值的网络。

目前，我国互联网金融价值链已经形成，银行和银联、非银行金融机构、互联网企业或电商平台、第三方支付机构、互联网软硬件和周边设备供应商、网络运营商等各相关利益体组合在一起，共同为消费者创造价值。产业链上下游之间，也通过竞争与合作、相互关联的投入与产出，满足各方的供给与需求。互联网金融产业链的存在以产业内部的分工和合作为前提，下游环节在上游提供的产品和服务价值基础上实现价值增值，价值增值过程持续到消费者环节，满足消费者的需求。最终用户在其需求的价值总量约束范围内，向最终产品和服务支付对价。产业链内部的专业化分工可以大大提高效率，扩大价值增值流量；而合作是产业链中各个价值增值环节得以"链接"和连续的必要条件，产业链各方共同完成互联网金融产品和服务向最终需求者的让渡或转移，从而支持和推动了互联网金融业的发展。

（二）互联网金融价值链的构成

1. 传统银行和银联

互联网金融的迅猛发展，暴露出传统银行渠道单一、产品固化的缺点，其存款、小额贷款、汇款与支付业务受到了较大冲击。2013 年，银行开始积极谋求转型，运用互联网技术，开展产品和服务的创新。传统银行开展互联网金融业务大致经过了三个阶段：第一阶段，只是简单地将线下业务搬到网上，如开设网上银行。第二阶段，开始借助社交网络和电商等渠道，银行积极扩展自身的客服和业务办理，并基于渠道的特点，推出特色产品和服务，如招行微信银行，民生直销银行同阿里巴巴的合作等。第三阶段，逐步开始学习互联网金融经验和精神，建立自有生态体系和自有渠道，真正发展互联网金融业务，意图通过建立自身电商平台，获取海量用户和交易数据，增加客户黏性，形成资金闭环。中小型银行则开始注重互联网金融业务的差异化竞争。如民生电商发力互联网社区金融和供应链金融，招商银行的"小企业 e 家"开始入局 P2P业务，浦发银行布局移动金融业务。

2. 非银行金融机构

非银行金融机构借力互联网，加强和互联网平台在渠道和产品上的合作，接受来自互联网巨头在金融方面的技术和账户的输出。典型的例子是证券业和保险业。证券互联网业务发展业经历了一个过程，从最初的网上交易，网上营销、服务，到互联网应用的深入和业务模式的创新，如华夏基金公司借助微信财付通等第三方支付平台，借助支付宝平台的天弘基金，以及工银瑞信等银行系基金公司，都在探索自有的互联网金融业务的创新。保险业的互联网金融创新也在紧锣密鼓地进行，更多的基于互联网，用数据进行需求挖掘和产品设计，实现自动核保、自动理赔、精准营销和风险管理。

3. 互联网企业与电子商务平台

互联网金融的兴起源于电商平台，但电商平台最初在金融服务领域发挥作用，还仅仅局限于第三方支付，只是充当银行等金融机构的渠道，对于平台及上下游商户仅提供支付担保服务。支付宝、财付通均是如此。随着第三方支付的传统收单市场竞争日益激烈，电商开始在支付业务的通路上开展增值服务，利用客户支付账户中的闲置资金进行理财投资。同时由于掌握了一定优势的支付渠道，第三方支付公司掌握了部分银行获取不了的数据，把银行部分地后台化，利用这部分数据开展小额信贷，数据征信服务以及供应链金融等，如快钱、易宝等支付公司甚至成立了小贷和保理公司，为互联网信贷扩展融资来源。而京东、苏宁云商等知名电商陆续建立金融平台，为整个金融生态圈的上下游提供理财投资服务、供应链金融服务。2013年支付、基金销售、保险代理、保理及小贷等金融业务在电商平台快速展开，有效地提升了平台用户黏性及流量变现能力。电商平台因此形成了渠道金融服务和自主金融业务两种功能。

4. 互联网软硬件供应商与周边供应商

软硬件供应商、网络运营商处于产业链的上游，是互联网金融产业链中的基础设施。是用户各种移动互联网生活消费行为的载体。硬件供应商包括PC、智能手机、掌上电脑及网络周边设备供应商，智能化、人性化、安全实用是其产品的价值所在。软件供应商一般来自平台或平台以外的第三方开发商，随着互联网巨头的日益重视，龙头软件基本被收购或参股，成为大型平台的嵌入式应用软件。应用软件的核心价值在于为用户提供快速的定位与接入服务，并借助这种服务获得应有的使用收益。但目前在竞争异常激烈的互联网应用免费市场上，软件业的盈利模式有待挖掘。周边设备供应商主要围绕互联网应用，为上游企业提供硬件和支持平台。

5. 网络运营商

互联网金融的快速发展，离不开互联网与信息技术的支持。互联网和移动互联网运营商、软件供应商、周边设备供应商均为互联网金融，特别是移动金融的发展提供了条件。网络运营商已经不再限于为互联网金融提供技术通道，他们逐步介入互联网金融的产品和服务，在移动支付、近场支付领域开始发力。

二、互联网金融生态系统发展状况

（一）互联网金融生态主体

互联网金融生态主体既包括金融中介体和金融市场，又包括个人、企业、机构和政府，还包括金融监管机构和中介服务机构。互联网金融生态环境是指金融运行的一些基础条件，包括法律制度、企业诚信、征信体系、会计与审计准则以及行政制度等内容。在特定的金融生态环境下，互联网金融生态主体的各个要素分工协作，共同完成资金从最终供给者向最终需求者的让渡或转移，支持和推动了互联网金融业的发展。

互联网金融消费者处于互联网金融生态系统的核心。互联网时代，个人消费者追求快捷的支付、便利的投资方式、超低的投资门槛、高度的流动性、较为可观的收益率以及方便的小额融资。机构消费者需要快捷支付结算、融资、终端设备、应用软件、后台支持、数据挖掘、风险把控、需求分析等服务。在普惠金融的背景下，消费者覆盖面更广泛，需求更为复杂，更为个性化。金融机构依然是互联网金融的重要支撑力量。银行运用互联网技术，开展产品和服务的创新。非银行金融机构则借力互联网，加强和互联网平台在渠道和产品上的合作。电子商务平台与其他互联网企业是互联网金融的创新力量。互联网金融的兴起源于电商平台，目前已形成了渠道金融服务和自主金融业务两种功能。货币型基金理财产品、保险以及 P2P 贷款，甚至线下金融服务中心，聚集了海量用户，增加了用户对其金融支付工具和产品的黏度。网络运营商与周边供应商主要为互联网金融提供信息技术的支持。同时，他们也在移动支付、近场支付、二维码支付、扫码支付、声波支付等方面，逐步介入互联网金融的产品和服务。互联网金融监管机构由央行、证监会、银监会、保监会等组成，实行业务归口管理。互联网金融协会等行业协会也开始逐步建立，发挥行业自律监管的作用。

（二）互联网金融生态环境

1. 法制环境

目前我国尚无关于互联网金融的专门法律法规。但这并不表示无法可依。互联网金融作为信息技术支撑下的金融新业态，也归属于金融业，因而现有的一些行业基本法律法规依然具有约束力。《公司法》《公司登记管理条例》，对于互联网金融生态主体的设立无疑具备普遍约束力。《商业银行法》《证券法》《信托法》《保险法》等行业的基本法，以及涉及互联网金融相关业务的部门法规，如中国人民银行《支付清算组织管理办法》（征求意见稿），银监会《电子银行安全评估指引》，证监会《证券投资基金销售机构通过第三方电子商务平台开展业务管理暂行规定》，也是各种金融新业态必须遵守的。就如早期的支付宝，也仅仅定位于支付担保，直到 2010 年获取牌照后，才名正言顺地开展第三方支付业务。

2. 信用环境

信用环境是一个综合性的概念，包括社会的信用状况、信用文化和征信系统等。互联网金融的信用环境取决于大的社会信用环境。尽管我国的整体社会信用状况目前还缺乏合适的标准和评价方法，但传统金融领域银企关系失调、小微企业贷款难、骗贷、民间借贷老板跑路、证券市场信息不透明和投资者信心缺失等等现象，折射出我国的整体社会信用状况并不乐观。当然，社会信用状况跟信用文化密切相关，注重诚信、自觉守法的信用文化会大大降低道德风险。互联网金融是平民化的普惠金融，信用文化对其影响尤其巨大。目前我国的征信系统主要有央行征信系统。

3. 监管环境

目前，我国互联网金融的监管机构主要有人民银行、银监会、证监会、保监会、工信部、商务部、工商总局等相关部门，一行三会主要对金融业务依法进行监管，工信部和商务部则对互联网企业、电子商务平台业务实施监管。这些众多部门都可以对互联网金融的某一方面业务进行监管，但目前国内并没有某家机构全面负责对互联网金融业务的监管。由于互联网金融是集网络运营和金融业务为一体的综合性业务，具有跨界和创新性特征，其创新性业态和业务往往处于监管真空地带。

（三）互联网金融生态系统的相互作用

1. 互联网金融生态主体间的关系

首先，在互联网金融各生态主体中，存在着激烈的同业竞争。银行业的同业竞争不仅体现在传统金融业务领域，也体现在新兴的互联网金融领域。网上银行几乎成为银行的标配。目前，银行电商也是一哄而上，其服务基本大同小异，大部分都同时拥有 B2C、B2B，最初切入也都是 B2C 的思路，同质化竞争较为明显。在存贷业务上，也可以给电商平台上的个人与企业进行消费贷款、供应链金融、订单贷款等金融服务，以及提供支付结算工具，同样也是同质化竞争。电商与互联网公司的同业竞争丝毫不比银行差。第三方支付业务市场的争夺异常激烈。电商平台沉淀资金增值服务同质化竞争严重。自 2013 年 6 月余额宝上线以来，互联网公司、支付平台、社交平台均紧锣密鼓地推出全额宝、生意宝、收益宝、苏宁零钱宝、百度百赚、易付宝等 20 余种货币基金产品。互联网巨头的竞争已经涉及移动支付领域，抢占移动支付入口。如：微信、支付宝、百度、新浪手机钱包产品等，功能雷同。

其次，在互联网金融各生态主体之间，同样存在着激烈的竞争。传统金融机构与新兴互联网企业存在激烈的竞争。二者之间的竞争主要是围绕着对金融市场份额的重新分配、对金融模式的重新塑造、对金融渠道的重新构建等方面展开。

尽管互联网公司发展迅猛，但传统金融机构的体量和市场份额依然庞大，再加上其强大的信贷扩张能力，化解流动性陷阱的固有制度，完备的结算、清算和信贷 IT 架构，庞大的物理网点等优势，短时期内互联网企业很难撼动传统金融企业的地位。但互联网金融的蓬勃生机让众多金融巨头开始谋求与互联网企业的合作，取长补短。

互联网金融格局并非你死我活的竞争，相反会是各类生态主体共生的生态。互联网时代的消费者需求呈现出更为明显的多元化状态，这种多元化对应的是众多的细分市场，每一类生态主体都会基于比较优势在系统中找到自身的客户。因此，各类企业既会有激烈的竞争，更会有大量基于比较优势的分工与合作。互联网金融模式下，新技术的引入以及新商业模式的不断创新，使得金融与互联网企业之间、金融各子行业之间的界限越来越模糊，各生态主体出现了融合的趋势。

2. 互联网金融生态主体与环境的相互作用

首先，互联网金融生态环境对主体有制约作用。金融生态主体在金融生态环境下生存、发展，其生长结果必然受到金融生态环境制约。良好的生态环境会极大地促进互联网金融的发展，压制性的环境则形成制约，当然这种制约也会激发创新。

其次，互联网金融生态主体对环境具有推动作用。互联网金融生态主体的生存和竞合状态，不仅仅需要适应生态环境，它反过来也具有改造环境的能动性。互联网金融的兴起促进了传统银行业的转型，弥补了传统银行在资金处理效率、信息流整合等方面的不足；为保险、基金、理财产品等提供了销售、推广的新渠道；促使电子商务行业，与传统金融业充分融合，探索新的服务模式与盈利模式。这在一定程度上改造了金融业的市场环境，使它变得更高效。第三方支付的崛起，则通过高流动性的电子货币，改变了金融市场的运行和传导机制。P2P 业务的发展历程也反映了金融主体对环境的反作用。

三、互联网金融生态短板及维护措施

（一）互联网金融生态的短板

第一，互联网金融生态主体不够丰富和成熟，同质化竞争严重。随着互联网技术的进步，人们的生活方式正在发生巨大变革。互联网金融消费者巨大而多样化的需求将会充分释放出来，这些需求的洞察和挖掘，都会形成无数的细

分市场。相应地，细分市场上的消费者对金融产品和服务的个性化需求，不太可能由少数寡头予以满足，这就需要有足够丰富的供给方。目前，互联网金融市场主体无论从数量，还是服务质量上都还无法满足个性化需求的爆发式增长。且各生态主体能够提供的产品和服务依然处于摸索和培育期，在市场开发和风控手段上并不成熟。相反地，有限的产品和服务一经推出，往往出现白热化的同质化竞争。

第二，互联网金融生态环境较差。这主要表现在以下三个方面。

（1）法制不完善，缺乏行业自律。互联网金融业态的多样性和创新性特征，决定其发展的跨界和不可预知，现有的法律体系本身难以跟上其发展步伐。因此在互联网金融的高速发展过程中，市场上经常会出现一些所谓的擦边球、监管套利等行为。由于我国现阶段实行严格的分业经营与监管体制，法律体系也与之配套。互联网金融的创新实际上已经开始打破这种局面，这就需要我国的法律体系相应做出调整，需要对互联网金融的合法性、网络交易的权利和义务、相应的互联网消费者权益保护等方面并没有明确的法律界定，以避免法律真空的出现而造成空白和死角。

（2）征信体系不完善。我国的信用环境整体上并不理想，信用意识较为淡薄，诚信文化欠缺，征信体系不完善。开展互联网金融信贷业务的机构，其风险控制措施并无传统银行严格，也未接入央行征信系统，只是依赖于大数据开展小微和个人信贷业务，信用环境的确令人担忧。事实上，除了阿里小贷，其他网络信贷也的确因此受到较大影响。

（3）监管体系不完善。在互联网金融领域，我国监管体系尚未形成。首先，监管机构不明确。目前还没有专门的部门来归口管理互联网金融企业，仅仅只是从业务领域来划分监管归属。在互联网金融创新业务层出不穷的情况下，往往很容易就出现三不管地带，从而形成潜在风险。其次，监管缺乏层次。从发达国家的经验来看，对互联网金融的监管，不能仅仅靠某一家部门予以实施，而是需要一个政府部门法定监管、行业自律监管，企业自身风控相结合的监管体系。这个多层次的监管体系还远未形成。再次，缺乏成熟的监测指标体系。互联网金融的跨界性和创新性，会使得其产品和服务天然具有游离特征，游离于现有监管指标之外。

（二）互联网金融生态系统维护措施

1. 加强生态主体建设

一个完善的生态系统，一定是物种繁荣，丰富多样，每一种生物在其中均可以找到适合生存的土壤，每一种生物都在整个生态系统中发挥着独特的作用，是整个生态链的一个环节。互联网金融生态系统同样需要丰富多样的生态主体，才能发挥其整体功能，合理的配置资源、提高市场效率、提高信息透明度，提供合适的风险定价等。无论是第三方支付、电商平台、互联网企业、传统金融机构、影子银行、P2P 网贷平台、众筹，还是网络运营商和周边软硬件供应商，都是互联网金融生态系统中不可或缺的主体。每一类互联网金融主体都会在整个生态系统中发挥独特作用，最终和谐共生。只有在多层次的各种互联网金融主体竞合共生的环境中，市场才会是真正有效的市场，推动优胜劣汰的进化，不断推动互联网金融生态系统的完善与健康发展。

2. 加快互联网金融法制建设

互联网金融本质上是金融业，金融资源配置和风险控制是其核心，这需要有良好的法律环境。在互联网金融主体的设立，市场准入、业务边界，风险控制、监管、破产清算、兼并重组等诸多领域，加强法制建设已经迫在眉睫。首先要建立或修订互联网金融的基本法，明确互联网金融主体的法律地位、基本的权利义务关系等，对口监管部门等，为行业生态环境的稳定打好基础。其次，制定互联网金融相关行政法规、操作指引、实施办法，加强对其具体业务的规范和监管。

3. 加快征信体系建设

互联网金融以信息技术为载体，具有开放的平台和普惠的特征，没有现实的物理财产信息和交易信息，甚至身份认证都存在不确定性，因而在支付和信贷等活动中，其风险控制既有难度又较为复杂。首先，亟需"三网合一"，构建完善的征信系统。即央行征信系统、电商和网贷平台等信用记录、第三方互联网征信机构实现对接，信息相互开放，甚至直接合并到央行征信系统，建立统一的信息披露平台。其次，建立统一的征信标准。包括企业和个人信用信息采集、使用、信息披露等均建立统一的标准。特别是电商平台和 P2P 平台，往往积累了海量的交易数据，对数据的整理、挖掘、提炼、分析需要统一的标准。再次，逐步建立信用评级制度。通过专业机构的信用评级，提高互联网金融市场运行效率和风控水平，为并不太专业的 P2P 和众筹投资者提供技术支持，优化互联网金融市场的诚信环境，降低交易成本。

4. 加强监管

有效的互联网金融监管能够优化互联网金融生态主体结构、增强功能、提高市场效率，优化外部生态环境。对互联网金融实施有效监管，首先要明确监管机构，其次实行最优相机监管。互联网金融生态系统尚处于形成期，较为脆弱，应在充分尊重市场的前提下实行最优相机监管。只要互联网金融生态主体遵循法规和市场规则，未形成垄断，都可以放松管制、减少行政干预，鼓励良性竞争，鼓励创新与发展。

第二节　互联网金融消费者

一、互联网金融消费者特征

（一）更注重便利和服务

高科技的发展意味着生活节奏的加快，消费者在购买日常用品时，不仅要求物美价廉，而且要求方便易得，支付服务便捷，以便节省时间，即求便动机。选择网上购物可以足不出户，这对于忙碌生活的人们来说极具诱惑力。网上商店商品种类齐全，搜索简易、快捷，没有时间或者空间的限制。而且随着网上支付和货物配送手段的不断完善、健全，消费者在极短的时间内就可得到自己想要的商品。网络支付充分满足了消费者对便利和服务的需求。现代物流技术的采用，以及运筹学中管理技术的引入加快了商品的物流速度，使消费者通过网络，不仅可以更加广泛地了解市场商品性能及价格信息，还可以确立他们的消费目标，并选择其自身最为便利的消费方式。

（二）注重用户体验

在互联网金融时代，消费者越来越注重个性化和良好的体验。无论是在对产品或服务需求的表达，还是在信息的收集或是售后的反馈上，网络环境下的消费者主动性都大大增强。消费者不再被动地接受厂商提供的产品，而是根据自己的需要主动上网寻求，甚至通过网络系统要求厂商根据自己对产品的要求或准则量身定做，从而满足自己的个性化需求。用户体验是互联网平台存活和发展的基石，而好的用户体验首先需要对客户本身个性化特征作深入了解，在互联网平台上，不再有设定的中心，而每个参与主体都因为其个性化的特征而成为互联网平台的中心。当然，主体在享受资源的同时也留下了供他人分享的信息。通过对这些信息源的收集、挖掘、储存、分析、筛选并加以整合，使得互联网机构能够更高效地获得用户信息，这一点较传统金融机构的信息捕捉能力来说更全面和更高效。其次，好的用户体验需要根据用户信息提供有针对性的资源和服务。比如余额宝根据广大用户的需求，推出碎片化理财产品，不仅大大降低申购金额门槛，还可实现赎回即时到账，良好的用户体验使得余额宝规模爆发式增长。

（三）主权意识觉醒

消费者主权被认为是市场中最重要的影响力量，其权利之一，就是有权得到公平的价格和选择。"消费者主权"是诠释市场上消费者和生产者关系的一个概念，即消费者根据自己的意愿和偏好到市场上选购所需的商品，这样就把消费者的意愿和偏好通过市场传达给生产者，于是所有生产者听从消费者的意见安排生产，提供消费者所需的商品。

在互联网金融市场，金融消费者以手中的资金"投票"，行使主权，进而影响金融机构的各种供给。显然，以余额宝为代表的互联网金融理财产品，部分消融了金融市场上信息不对称的坚冰，已经并将极大改变过往的状况，金融消费者的主权意识正在被唤醒，消费者主权将不断被扩大。这一点，在过去一段时间我国金融业的发展中已经有所体现。比如"余额宝"们的规模爆发式增长，各互联网公司以及多家银行相继上线类似产品。而同时，银行存款增幅出现明显下降。

二、互联网金融消费者需求

（一）便捷支付需求

网上支付用户规模的快速增长主要基于以下三个原因：第一，网民在互联网领域的商务类应用的增长直接推动网上支付的发展。第二，多种平台对支付功能的引入拓展了支付渠道。第三，线下经济与网上支付的结合更加深入，促使用户付费方式转变。例如：用支付宝支付打车费用等。

支付是金融一项非常重要的基础功能，很多其他的金融服务实际上是和支付联系在一起。互联网金融模式下，商家和客户之间的支付多由方便、快捷，成本更低的第三方来完成。2012 年，我国第三方互联网在线支付市场交易规模达 3.8 万亿元。在互联网金融模式下，以移动通信设备、无线通信设备所构成的移动支付手段逐步成为主流，同时运用云计算强大的信息处理能力使得所有个人和机构在中央银行的支付中心开设账户成为可能，一定程度上威胁银行支付账户存在的必要性。同时，证券、生活账单等金融资产的支付和转移也可以通过移动互联网络进行，支付清算电子化，替代现钞流通。第三方支付规模的迅速扩大或将一定程度上削弱商业银行、传统支付平台的地位。随着第三方支付企业的持续创新和业务拓展，其支付场景由最初的电商支付逐步渗透到线上、线下一切涉及资金转移的多元化领域，成为人们日常生活中的重要工具之一。

（二）网络理财需求

目前，互联网金融用户的理财需求主要体现在利用支付平台购买互联网货币基金产品上。2013年6月13日，由天弘基金和支付宝联袂打造的余额增值服务——余额宝正式上线，短短几个月内用户数突破3000万，并成为中国基金史上第一个规模破千亿的基金，巨大的规模体量和惊人的规模增速成为市场关注的焦点。通过余额宝，用户不仅能够得到较高的收益，还能随时消费支付和转出，无任何手续费。用户在支付宝网站内就可以直接购买基金等理财产品，获得相对较高的收益，同时余额宝内的资金还能随时用于网上购物、支付宝转账等支付功能。转入余额宝的资金在第二个工作日由基金公司进行份额确认，对已确认的份额会开始计算收益。

互联网金融服务打破了地域与时间限制，为用户提供最及时的理财产品与咨询服务。金融服务的基础核心在于信息的快速、全面提供，作为信息高速的互联网在这方面拥有得天独厚的优势。门户网站的财经频道以及垂直财经门户均是通过对各类财经资讯、理财产品和理财分类信息进行全面、及时的整理以满足用户的信息获取需求。互联网理财依托信息汇聚与整合以及产品化能力，为用户提供最为全面专业的理财服务。网络理财服务可以充分利用信息源广泛、信息聚合能力强、信息比对高效甄别能力强的特点，并通过互联网产品集成高度专业化的理财咨询服务，能够有效打破物理约束和地域限制，将最专业的服务传递给更大范围的理财用户。互联网理财可以充分利用互联网技术为用户提供深度定制的个性化服务。利用大数据处理、数据挖掘等技术深度挖掘并分析用户的个性特征、行为模式、社交关系等，自动评估用户的风险偏好、信用额度、投资类型与模式偏好，对用户进行个性化理财服务推送。同时，利用大数据的分析处理能力，进行高效的服务经验积累和服务精准度改进，可以不断地提高用户理财服务满意度，让理财在互联网上成为用户的一项服务享受。

三、互联网金融消费者心理与行为分析

（一）互联网金融消费者消费心理

消费者心理是指消费者在购买商品或服务过程中的一种思维活动。消费者心理是复杂多变的，从消费品的购买到消费，消费者的心理变化一般分为六个阶段，即认识阶段、知识阶段、评定阶段、信任阶段、行动阶段、体验阶段。消费者购买产品或服务的心理过程要经历以下三个阶段：一是对产品或服务的

认识过程。即消费者对产品信息的接收、分析和理解过程。从心理学的角度看，这个过程包括消费者对产品或服务的感觉、知觉、记忆、注意、想象、思维等心理过程。二是对产品或服务的情绪过程。在实际生活中，消费者的购买行为并不都是理智的，要受到生理需要和社会需要的支配，从而形成对产品的情绪色彩。这种对客观现实是否符合自己需要而产生的态度体验，就是消费者购买心理的情绪过程。三是对产品的意志过程。即消费者在购买活动中表现出来的有目的、自觉地支配和调节自己的行为，努力排除内在和外在的各种因素的影响，从而实现既定购买目的的心理活动。这三个过程相互依赖和促进，能够激起人们进行一定的消费活动。但是，在消费动机、兴趣、情绪和意志等方面，更多地包含着消费者本身需求的成分。

在互联网金融领域，消费者在网上支付、网上理财、网上投融资方面的消费心理同样经历了认识阶段、知识阶段、评定阶段、信任阶段、行动阶段、体验阶段。比如网络借贷，P2P 平台从事信贷业务的基础是信用，买卖双方基于信用融出和融入资金。但平台的投资方与融资方并不熟悉，投资者在前期必然有一个逐渐认识的过程。投资者往往会对 P2P 模式逐渐认识，学习网络借贷的有关知识，了解网络融资者的基本情况并进行信用评估，在自认为对融资方已经充分了解的基础上，增加了信任度，从而采取投资行动，体验这种新型的借贷方式。消费者在这个过程中，对 P2P 平台融资的感知记忆思维等认识过程、投资心理过程、最后下决心投资的意志过程都必然体现出来。因此，P2P 平台的信用来源仅仅包括资金融出、融入方之间的信用以及承载在平台上的担保保障等相关服务带来的信用。这种从陌生到信任再到投资行为发生的心理过程，往往复杂而漫长。

（二）互联网金融消费者消费行为分析

美国市场营销协会把消费者行为定义为：感知、认知、行为以及环境因素的动态作用过程，是人类履行生活中交易职能的行为基础。消费者行为的定义强调了三层重要的含义：一是消费者行为是动态的。即个体消费者、消费者群体和整个社会环境随着时间的推移在不断地变化。消费者的行为会受到特定时期、特定产品以及特定环境的影响。二是消费者行为包含了感知、认知、行为以及环境因素的互动作用。研究消费者行为必须了解消费者的认知、感知、行为以及与感知、认知、行为相互影响的事件和环境因素，把这些因素孤立起来研究是片面的。三是消费者行为包含了人类之间的交易。消费者行为是交易职能的行为基础，这使消费者行为的定义与市场营销的定义保持了一致性，市场营销就是通过制订适当战略和策略实现交易。

　　互联网金融的消费者行为也包括了对金融信息的感知、认知、行为及网络环境的动态作用过程。具体来讲，就是信息获取，分析评价，金融交易和网络交流沟通等行为。

（三）互联网金融消费者心理与行为的相互关系

　　互联网金融消费者心理是指消费者在购买金融产品或服务过程中的一种思维活动。消费者心理始终贯穿于整个消费决策的过程之中，并且在购买决策过程发生之前就已经存在，在购买决策之后依然在继续延伸其影响作用。消费者心理影响着整个消费决策过程和以后的购买决策。互联网金融消费者行为是消费者为满足其金融需要和欲望而寻找、选择、获取、使用、评价和处理产品或服务的活动和过程，也包括影响这一活动和过程的各种因素。

　　互联网金融消费者心理与消费者行为的联系表现在：第一，互联网金融消费者心理支配消费者行为，根据消费者心理可以推断消费者行为；第二，消费者行为受消费者心理的支配，必然包含着一定的心理活动，根据消费者行为可以分析消费者心理。消费者的消费行为都是在一定的心理活动支配下进行的，而消费者的消费心理通过其消费行为加以外现。不是所有的消费心理都能转化为消费行为，也就是说，心理不一定包含行为，而行为必然包含心理，研究消费者心理的目的是为了把握和了解消费者的行为。一个完整的消费心理与行为过程包括从唤起金融消费需求，金融消费动机到金融消费态度形成与改变直至购买行为是要经过一个由心理到行为的转换过程，从消费者心理学角度讲就是消费者购买决策的过程。消费者心理是伴随消费者购买决策整个过程的隐性（或消费者内在的）思维链，消费者行为是伴随消费者购买决策整个过程的显性（或消费者外在的）行为链。

第三节　互联网金融机构

一、金融机构互联网客户定位

（一）金融客户的行为变化趋势

　　在科技发展给人们生活带来的日新月异的变化中，人们对于金融服务的需求并未产生本质性的改变，安全性、便捷性、效益性仍旧是银行客户最根本的需求点。随着科技发展改变的，是银行客户满足需求的方式：由物理的、低效的逐渐发展成为虚拟的、实时的。这其中，既包含了时代的变革对人们基本行为的改变，也承载了客户在时代变革中自身理念的变迁。

在传统金融时代，客户对于银行的主要需求是比较简单的，存款和贷款，主要以走入银行营业网点的方式来实现。不论是企业或是个人客户、现金业务是那个时代的主旋律。由于当时国内的银行市场还未对国外银行、外资银行等完全开放，各银行的业务同质化程度较高，大部分客户的选择主要依托于对品牌的认知和其背后所蕴含的安全性指数来选择银行，因此，安全性需求是第一要素。但与此同时，客户对于金融服务便捷性的需求依然是不能忽略的，只是形式比较单一。金融电子化时代，银行客户行为为半自助化行为模式。在这一阶段，客户对于银行的主要需求并未产生明显的变化，但是在这一时期，信息化发展迅猛，外资银行开始进入，银行业的竞争加剧，产品和服务的差异化逐渐体现，客户需求的重要性逐渐被放大，信息时代的到来赋予了客户更多横向比对的机会。银行会由服务的主动提供者，变为被动的被选择者。与此同时，生存的压力导致各银行加速发展、扩张，客户数量急速增长，客户群体日渐复杂，银行柜面的压力与日俱增，分流的理念终于浮出水面。客户在这种趋势下，由银行手把手地教会了如何进行自助金融服务。虽然只是简单的存取款，但是自助服务的便捷性逐渐深入人心。可以说，这是银行服务体系全面更新转变的一个转折点提供——金融服务，即提供金融服务的平台。

互联网金融时代，银行客户演变为多渠道的互联网化行为模式。21世纪，互联网技术的发展掀起了一场信息化革命，传统金融行业在信息化革命带来的巨大冲击下，努力将自身的产品、服务互联网化，各银行先后推出网上银行、手机银行等电子银行产品，吹响了传统银行向互联网领域进发的号角。在这一阶段，客户的生活方式有了巨大的改变，价值观、金融行为也随之改变。客户对银行物理网点的依赖程度降低，对互联网的依赖程度加深。

（二）客户定位

客户定位是指商业银行应根据地理因素、人口密度、家庭人数、性别、行业收入、职业、教育、年龄、生活方式和消费偏好等划分不同的客户群，并在不同的客户群实行不同的客户关系管理，从而在中高端客户群体中培育起自己的核心竞争优势。没有哪家银行能够面向所有的客户群体提供服务，每家银行都有自身定位的客户群体。

银行发展互联网金融业务，也必须要有清晰的客户定位。由于历史的原因，商业银行的客户群体较为庞大，覆盖范围也很广泛，但真正提供优质金融服务的对象还是少数优质客户，包括大中型企业、高端个人客户，一般很少兼顾为数众多的长尾客户。互联网金融时代，虽然普惠金融被看作互联网金融的特征，但受银行资源有限的限制，长尾用户体验不太可能与互联网企业匹敌。因此，银行开展互联网金融业务时，其客户定位依然可能更加适合部分优质客户。

非银行金融机构的主要业务，如理财咨询、保障、资产管理等以"推"为主的业务条线，以及投行、托管等牌照业务将不会受到互联网金融的明显影响。固然，交易成本的下降可以使这些业务略有受益，大数据的采用也有助于业务部门设计出更有效的产品，并采用新技术提高营销资源的配置效率，但基本的业务形态和商业模式不会发生改变。在这些业务上，互联网带来的改变仅限于工具。因此，其客户定位依然集中于其核心优质客户。当然，也有少数机构会发生变化，如少数货币基金，因运行方式发生变化，其客户会定位与长尾客户。

二、金融机构互联网差异化竞争策略

（一）网点布局差异化

互联网金融时代，客户对于银行物理网点的依赖度降低。在这种行为变化的背后，需求并没有明显改变。客户仍然对于银行提供的金融服务高度信赖，仍旧乐于从传统商业银行来获取金融服务，只是服务渠道从营业网点转移到了网上银行、移动银行，这些高效、便捷的服务更适应当今高速化、信息化的生活方式。各银行为了应对当前局势，及时调整了战略方向，很多大型国有股份制银行很明显地放缓了物理营业网点扩建的脚步，转而致力于对现有物理网点的智能化改造以及对电子银行类产品的大力研发和推广。这意味着传统商业银行为客户提供的服务方式和渠道，由传统的营业网点模式，向全新的互联网模式进行转变。

部分中小型银行，在网点布局上本身落后于大型国有银行，因而收缩物理网点，开始转向互联网和移动终端。特别是随着电子商务类应用在手机端发展迅速，手机在线支付使用率的规模增长较快，用户已经完成了从 PC 到移动终端的转移，智能手机和平板电脑等移动终端成为新兴力量。转账汇款、投资理财缴费购物等原本这些曾经复杂的金融行为，如今都能在手机、iPad 等电子设备上自助完成。除了传统的银行业务以外，中小型银行业务正在向平台化方向发展，为服务型企业和消费者建立一个安全、便捷的移动服务平台，根据不同的消费需求来提供细分化支付功能和应用。

（二）业务模式差异化

面对互联网金融带来的机遇与挑战，商业银行也开始了"谋变"之路，在银行产品、销售渠道、组织架构等方面予以创新。大部分银行应对的方式，是直接进军交易端，即直接推出电商平台与新兴的电商竞争。2012 年 7 月，中国建设银行宣布旗下的电子商务平台"善融商务"上线。作为银行业发展电商的先驱，"善融商务"定位于以融为主，以商促融。它主要由企业商城、个人商城、房 E 通三部分组成，为互联网客户提供包括在线交易、信息发布、跨行支付结算、融资贷款、分期付款、资金托管、房地产交易在内的一系列专业金融服务。银行借助"善融商务"的销售数据，可以直接掌控企业的资金流和结算数据，从而更加全方位、透彻地了解客户，方便、准确、安全地给予授信额度。银行用标准化的授信方式，融合网银提供的数据分析和传统信贷的审核经验，提供更为便捷的融资服务。另外，中小银行则明确进军互联网金融领域，服务于小微企业。

包括中行、平安、中信等在内的多家银行均已成立网络金融部。中行的网络金融部，统筹规划并协调推进全行的网络金融业务的发展，明确服务把电子商务为核心的网络银行建设和发展作为一项重要的战略。

证券公司、保险公司等金融机构都面临着类似的问题：区分客户，为不同客户提供不同服务。对于证券公司而言，将营业部转型为综合业务中心，必然对经纪业务的客户重新定位：对于大客户，通过财富中心，开展主要以线下手段为主的服务；对于中小客户，逐步引导至互联网上，通过标准化产品和服务来满足需求。这样可以释放一些资源，将资源集中于大客户。客户中一部分是引导上来的原有客户，更大比重的客户则来自通过互联网金融新增的小微客户。随着时间的流逝，这些小微客户中会有一部分成长起来，积累起可观的财富，互联网也会成为他们生活中不可或缺的环境——日本网络券商的成长轨迹正是如此。在短期内，互联网金融业务盈利状况会糟糕，但是着眼于长远的话，还是比较乐观的。

第四节　互联网监管机构

一、互联网金融监管机构的监管领域及依据

早在 1993 年，国务院颁布的《关于金融体制改革的决定》就明确了对银行业、证券业、信托业和保险（放心保）业实行"分业经营"的原则，随后"分业监管"的思路也随之确定。我国的分业监管体制是以"机构监管"为基本指导思想设计的。从 1992 年证监会设立到 1998 年保监会成立，再到 2003 年 4 月银监会成立，中国金融监管的"三驾马车"全部到位。

根据法律法规对各监管机构的职能定位，央行除了有制定货币政策、经理国库、维护金融稳定等职责，还负责对第三方支付机构、经营征信业务机构进行监管。银监会的监管对象除了银行业金融机构外，其下属的非银部还负责信托公司、企业集团财务公司、金融租赁公司、汽车金融公司、货币经纪公司等非银行金融机构的监管工作。证监会则主要负责统一监督管理全国证券、期货市场，监管对象包括券商、期货公司、基金公司、证券登记结算公司、证券期货投资咨询机构、上市公司、上交所、深交所、期货交易所等。而保监会的监管对象则包括有保险公司、再保险公司、保险中介机构、保险资产管理公司等。在各行业严格分业经营的背景下，三大监管机构的分工也很明确，只要各司其职就可以很好地对金融行业进行有效的监管。

行政审批是监管机构对行业进行管理的重要方式，也是监管的重要领域及依据。自 2001 年国务院启动行政审批制度改革工作以来，监管机构的行政审批事项也在不断缩减。"一行三会"共有行政审批事项 127 项。其中证监会以 63 项行政审批事项居首位，在 53 项行政许可之外，还有十项非行政许可审批事项。"权力清单"列出的内容多为对重大事项的审批，主要包括对各管辖范围内金融机构及其分支机构的设立、变更、终止以及业务范围进行审批，对被监管机构董事及高级管理人员任职资格进行核准等。央行的行政审批权力清单目前主要有商业银行承办记账式国债柜台交易审批、银行间债券市场债券交易流通审批、贷款卡发放核准、营个人征信业务的征信机构审批、境外征信机构在境内经营征信业务审批、银行账户开户许可证核发、《支付业务许可证》核发等 21 项。银监会的"权力清单"有外资银行营业性机构及其分支机构设立、变更及终止审批，中资银行业金融机构及非银行金融机构董事和高级管理

人员任职资格核准，商业银行、政策性银行、金融资产管理公司对外从事股权投资及商业银行综合化经营审批，中资银行业金融机构及其分支机构设立，变更、终止以及业务范围审批，非银行金融机构（分支机构）设立、变更，终止以及业务范围审批等九项。保监会的"权力清单"有保险公司及其分支机构设立、保险公司终止（解散、破产）审批，保险机构在境外设立代表机构审批，外国保险机构驻华代表机构设立及重大事项变更审批，保险集团公司及保险控股公司设立、合并、分立、变更、解散审批，保险公司股权转让及改变组织形式审批等 34 项。

目前，由中国人民银行牵头，银监会、证监会、保监会、工信部等多个部委正在加紧制定针对互联网金融的监管办法。对互联网金融的监管将施行"负面清单"的理念，即划定底线，底线之上市场主体可以自主决定经营模式。不过针对具体领域的监管还将沿用分业监管的思路，初步确定的分工为：银监会负责监管 P2P 行业，众筹由证监会监管，央行则负责第三方支付的监管。

二、监管机构协同混业监管的探索

金融业的发展并未像监管部门最初设想的那样，严格遵循分业经营的思路。随着金融市场竞争的激化，不同业界的金融机构也不断通过单向参股、相互持股等方式部分地实现了混业经营的目的，如银行系的保险公司、证券、信托、基金等如雨后春笋般出现了。

金融混业经营潮流势不可挡，在一些具体的金融产品和业务上，跨行业、跨市场的特点也越发突出。比如公众熟知的银保产品，就涉及银监会、保监会两个监管部门；再如信贷资产证券化业务，就涉及银监会和央行的监管协调问题。随着跨市场、跨行业产品的增多，为了避免分业监管体制带来的监管缺位和多重监管问题，监管部门之间的协调监管显得越发重要。其实，为了克服分业监管的弊端，在确立分业监管之后，2000 年，金融监管协调部际联席会议制度就得以确立，央行、证监会和保监会以三方监管联席会议的方式，每季度碰头讨论。2003 年 4 月底银监会成立之后，三方监管联席会议的央行一方换成了银监会。2003 年 6 月，银监会、证监会和保监会三方签署了《在金融监管方面分工合作的备忘录》，明确了分工合作框架和协调机制。不过三方之间的联席会议只召开了两次，随即终止。2008 年金融危机爆发，出于防范和化解金融风险的考虑，同年 8 月 14 日，国务院下发一份通知要求，央行会同"三会"共同建立金融监管协调机制，金融监管协调部际联席会议重新启动。

监管协调机制下需要牵头人，牵头人必须有权威，否则机制难以有效运行，而且这种权威还不能超越法律赋予它的职权。2008年金融监管协调部际联席会议制度二次启动时，央行并没有获得话语权，只是"会同"银监会、证监会和保监会建立金融监管协调机制，中国金融业分业监管的格局带来的弊端并没有得到有效解决。2013年8月，国务院再次发文批复同意建立金融监管协调部级联席会议制度，此次批复突出了央行的牵头地位，成员单位包括银监会、证监会、保监会和外汇局，必要时可邀请发展改革委、财政部等有关部门参加。这是该制度的第三度重启。监管机构就跨市场的金融产品通过联合发文、联合检查等形式进行规范也是监管协调机制的具体体现。

即便有了当前的监管协调机制，但目前分业监管体制带来的更多的是监管竞争的问题，每个监管部门都想借助混业经营的趋势，为自己监管的机构争利益，借此扩大自己的监管地盘。很多理财产品本质上是投资基金，依照证券法的规定，包括公司股票、公司债券、政府债券、证券投资基金都归证监会监管。由于我国目前的金融监管体制是以机构监管为基本指导思想设计的，银行的理财产品业务也就归银监会管理，这就相当于银监会自行扩大了自己的监管范围。监管竞争使得一旦部门之间对某些政策存在很大的利益纠葛，容易导致协调无效，这也是此前监管协调机制多次启动，但难以有效发挥作用，以至于无疾而终的重要原因。

监管协调机制只是在分业监管体制下加强监管协调的过渡形式，缺乏强制力，权威性也容易打折扣。金融监管体制的改革不可能一步到位，监管协调机制只能是作为弥补分业监管体制不足的"权宜之计"。混业经营是大势所趋，跨市场、跨行业的金融服务层出不穷，现有的分业监管体制越来越不适应当下金融业发展的需求，需要建立一个统一监管的机构。

第四章　互联网金融的基础设施

金融基础设施是各类金融交易的软、硬件保障，金融基础设施的高效率有助于储蓄向投资的高效转化，有助于金融资源的合理、高效配置，最终推动经济发展。随着中国互联网金融的发展，互联网金融基础设施建设薄弱的弊端日益凸显，亟须加强中国互联网金融基础设施建设。本章从互联网金融基础设施的四个重要方面——法律体系、移动支付和第三方支付、征信系统和云服务平台阐述中国互联网金融基础设施的现状、问题，提出建设与完善互联网金融基础设施的对策、建议。

第一节　互联网金融基础设施的基本内涵

一、互联网金融基础设施的概念

金融基础设施是指包括一整套支持金融市场和金融中介有效运行的法律制度、信息披露机制、审计制度、会计制度、交易与清算组织和监管机构等，金融基础设施的一个重要功能就是有效引导储蓄向生产性资本转移，并将生产性资本配置到效用最大化产业中，最终促进经济增长。《中共中央关于全面深化改革若干重大问题的决定》指出："加强金融基础设施建设，保障金融市场安全高效运行和整体稳定。"金融基础设施建设既是金融改革的重要组成部分，也是改革的基础。金融基础设施的主要功能是确保契约的有效实施，更加规范、优化的金融基础设施建设不仅影响到金融结构优化的深度，也是衡量金融深化发展的尺度。夯实金融基础设施是中国做大做强金融产业的关键环节，也是中国提升全球金融影响力的重要保障。因此，加强对互联网金融基础设施的研究意义重大。

二、互联网金融基础设施的基本构成

传统的金融基础设施包括综合的法律体系、交易规则和技术、支付和清算系统、规制与监管制度、透明度原则与会计准则、破产法规与合同强制履行机制等。其中法律传统、会计基础设施、监管系统和支付清算系统是金融基础设施建设的主要组成部分。互联网金融是对传统金融的深化与发展，互联网金融基础设施与传统金融基础设施相比，在于其网络云服务更加虚拟性、智能化和集成性，互联网金融基础设施主要包括法律体系、移动支付和第三方支付、征信体系、网络云服务平台、会计准则、监管系统等方面，这里主要论述前四种基础设施。

（一）互联网金融法律体系

完善的金融法律体系是金融市场正常运转的保证，金融法律系统的范围很广，其中主要指金融领域中的法律法规，诸如银行法、保险法、外汇法、期货法、证券法等，还有实施这些法律的规章制度。互联网金融作为一种全新的生态，只有生长在法治土壤之中，才能让它的经脉长得更加强壮，互联网金融在"野蛮生长"的过程中，伴随的风险不容忽视。很多客户对互联网金融其实没有什么概念，他们一方面很难精确地控制风险，另一方面也难免被"乱花渐欲迷人眼"的各种理财产品所忽悠；且互联网金融往往客户分散，涉及的群体较多，一旦老百姓的资金打了水漂，将产生比传统金融更大、更难以处理的局面。更令人担忧的是，到目前为止，国家层面监管规则和制度的"笼子"还未打造完备。这让许多纯诈骗性质的平台得以顺利进入这个生态圈。从一些第三方机构统计数据来看，网贷平台开"空头支票"现象频发，投资者损失严重。同时，互联网金融介质特殊，动动手指，输个数字，就能实现财富的转移。之前就有谣言称手机丢失会导致支付宝账号被盗，引发网友强烈关注。平台良莠不齐、通信技术存有短板的背后，资金如果受损，谁又该来担责？

例如，P2P借贷平台属于民间借贷平台，并非没有法律规范可以适用，现行民商法基本上可以对其进行规范。然而，由于部分互联网金融企业没有尊重和维护投资者的应有权利，没有守住法律的底线，导致网贷平台倒闭、商家跑路等事件频发。P2P借贷本属于民间借贷行为，然而P2P平台屡屡现出违法苗头，这与P2P行业现存的"无准入门槛、无行业标准、无机构监管"的三无状态有一定关系，还和P2P行业的"边发展、边规范"的实际困难有关。目前P2P等互联网金融的发展尚不成熟，还需要政府及时进行监测预警、风险提示，并严厉打击非法集资等违法犯罪行为。

互联网金融法律在于互联网金融内生的风险，这些风险有：（1）第三方支付及其衍生的风险，包括主体资格和经营范围的风险、在途资金和虚拟账户资金沉淀的风险、洗钱及其他违法、犯罪风险；（2）网络借贷风险，包括信誉风险、法律及政策风险、市场选择风险、系统安全风险、征信系统与信息共享机制缺失（信用风险）等。

解决这些难题，还得靠法治。社会主义市场经济本质是法治经济，任何经济行为，都需要在法治的轨道上运行，互联网金融也不例外。法治不仅是一种规范，更是一种保障。互联网金融作为一种全新的生态，没有一定的基础设施是不可想象的。行业的准入门槛怎么界定，企业的信用评级如何建立，风险监测和预警机制怎样完善，这些都有待明细的法律条文予以规定。

（二）移动支付与第三方支付

支付体系是一国金融系统的核心基础设施，如果说金融是经济的血液，那么支付就是金融的血管，它关系到一国金融业的效率与稳定。总之，金融业最重要的组成部分是支付。在互联网金融时代，支付主要表现为移动支付和第三方支付。

1. 移动支付

移动支付也称为手机支付，就是允许用户使用其移动终端（通常是手机）对所消费的商品或服务进行账务支付的一种服务方式。移动支付业务是由移动运营商、移动应用服务提供商（MASP）和金融机构共同推出的、构建在移动运营支撑系统上的一个移动数据增值业务应用。移动支付系统将为每个移动用户建立一个与其手机号码关联的支付账户，其功能相当于电子钱包，为移动用户提供了一个通过手机进行交易支付和身份认证的途径。用户通过拨打电话、发送短信或者使用 WAP 功能接入移动支付系统，移动支付系统将此次交易的要求传送给 MASP，由 MASP 确定此次交易的金额，并通过移动支付系统通知用户，在用户确认后，付费方式可通过多种途径实现，如直接转入银行、用户电话账单或者实时在专用预付账户上借记，这些都将由移动支付系统（或与用户和 MASP 开户银行的主机系统协作）来完成。

移动支付主要指通过移动通信设备、利用无线通信技术来转移货币价值以清偿债权债务关系。移动支付存在的基础是移动终端的普及和移动互联网的发展，可移动性是其最大的特色。随着移动终端普及率的提高，在未来，移动支付完全有可能替代现金和银行卡，被人们在商品劳务交易和债权债务清偿中普遍接受，成为电子货币形态的一种主要表现形式。移动支付的特点如下：第一，以移动通信设备为载体，主要表现为手机；第二，运用无线通信技术；第三，电子货币是移动支付存在的基础，电子货币与移动支付是一对孪生兄弟；第四，移动支付是货币形态的表现形式而非货币本质的改变；第五，移动支付的发展依赖于第三方支付；第六，网络正外部性：消费者从消费某种商品（如移动支付）中得到的效用，依赖于其他消费者对该种商品消费的数量。当移动支付前景一片光明时，人们就愿意参与到移动支付中来，同时人们现在也愿意为之付出更高的价格，因为当移动支付使用人数足够多时，其成本就变得非常低，价格也就低了，甚至接近于零。

2. 第三方支付

第三方支付指通过互联网在客户、第三方支付公司和银行之间建立连接，帮助客户快速实现货币支付、资金结算等功能，同时起到信用担保和技术保障等作用。

第三方支付的产生，使得客户不直接与银行进行支付清算，从而具有如下几点好处：一是在电子商务中可以起到担保作用；二是第三方支付可以集成众多银行，且不用开通网上银行和手机银行也能进行支付，方便、快捷；三是可以节约交易成本；四是支付与购物、旅游、投资等社会活动相连，具有社会性。

移动支付第三方支付的产生，更是大幅降低了交易成本。移动支付表面上是把支付终端从电脑端向手机端等转移，但就是这一转移，可能会导致支付领域的革命性变革，因为支付是货币在不同账号之间的转移，支付本身就蕴含移动的意思，而手机等终端最大的优势也是可移动性，二者不谋而合，移动支付与第三方支付的融合，放大了这一优势。

在第三方支付产生以前，支付清算体系是客户与商业银行建立联系，商业银行与中央银行建立联系，中央银行是所有商业银行支付清算的对手方，能够通过轧差进行清算。在原有支付清算模式下，由于客户不能与中央银行之间直接建立联系，客户必须分别与每一家商业银行建立联系，支付清算的效率较低。

第三方支付诞生以后，客户与第三方支付公司建立联系，第三方支付公司代替客户与商业银行建立联系。这时第三方支付公司成为客户与商业银行支付清算的对手方，第三方支付公司通过在不同银行开立的中间账户对大量交易资金实现轧差，少量的跨行支付则通过中央银行的支付清算系统来完成。

第三方支付通过采用二次结算的方式，实现了大量小额交易在第三方支付公司的轧差后清算，在一定程度上承担了类似中央银行的支付清算功能，同时还能起到信用担保的作用。而在移动支付产生以前，客户与第三方支付公司建立连接主要通过电脑端实现，移动支付诞生以后，客户与第三方支付公司的联系逐渐向手机端转移。

（三）互联网金融征信体系

1. 互联网金融征信的内涵

互联网征信是由互联网金融衍生出的概念，目前并没有明确定义。互联网征信是为解决互联网金融客户信用风险评估而对客户在互联网上相关交易信息进行登记、评估，并对这些信息进行使用的过程。

2. 互联网金融征信的特点

由于互联网的虚拟性、跨区域性等属性，互联网征信也天然具有有别于实体征信特点的自身特征。

（1）产生的偶然性

众所周知的事实是，国内互联网征信原始数据的产生和积累起源于电商平台，以阿里最为典型。最初为解决网络交易信息不对称问题，阿里创造提供了诚信通和支付宝两款第三方担保产品，但由于电脑交易的留痕特性使阿里无意间积累了大量的电商交易、支付及评价等有效数据。正是基于这些海量数据，借助新兴的大数据等计算手段，使阿里可以利用这些原始数据掌握客户的信用状况、经营行为、收支状况，并通过与实体商业银行合作、开办小额贷款公司等途径，实现了商业征信在金融领域应用的突破。因此，正是由于电子商务的快速发展，以及数字化交易可以完整记录每项交易痕迹的特性，为互联网征信的产生和发展创造了必要的条件。

（2）数据内容的多样性

由于传统商业模式或金融模式中，对客户评价内容往往需要工作人员主观录入系统，不但耗时耗力，而且数据失真率较高，难以真实反映客户整体经营及信用状况。而互联网征信中，无论是商业信用还是金融信用，其全部交易过程均被电脑真实记录下来，并被纳入服务提供商大数据采集范围之内。这些内容包括原材料采购、销售、收支划转以及付款周期、客户评价等，通过对所有数据根据关键值进行绑定分析，就可以知道每一个特定分析对象的真实经营情况、信用真实度等关键内容，应用于金融领域可以有效防范信用风险。

（3）使用范围的局限性和垄断性

进入大数据时代后，拥有大数据即拥有财富，这必然导致已经积累大量客户相关数据的电商或互联网金融企业敝帚自珍，不肯对外共享。但由于客户在互联网进行各种活动牵涉到多家机构或企业，机构间行为的人为割裂造成无法了解客户全面信息，增大了互联网交易的风险和成本。目前，国内几家大型电商企业交易额占据了电子商务市场的绝对份额，如阿里的天猫和淘宝，分别占据了国内 B2C 和 C2C 两个市场 50%以上的份额，这就容易造成数据信息的垄断。

（四）互联网云服务平台

1. 互联网云服务平台的内涵

随着互联网成为推动全社会产业再造和转型的重要力量，其基础设施不仅仅是网络，而是"网络+云资源+公共平台"的综合体，提供的服务也不限于通信传输，而是实现人、机、物的互联，提供"资源+通信+信息应用"的综合服务。基础网络也不再是以传统硬件为主、设备种类繁多的电信网络，而是软件化集约控制、设备通用化和标准化的智能网络。新一代互联网基础设施提供商不再限于电信运营商，还包括互联网企业和大型企业集团。新一代互联网基础设施不仅提供端到端的连接功能，而且其计算、控制和感知功能大大增强，将提供宽带和泛在的网络连接、智能化的运营、平台化的网络云服务（一体化的"网络+云资源+公共平台"服务）。宽带和泛在的网络连接将促使新一代互联网上各种应用/服务的广泛普及和易于获取，也是新一代互联网基础设施的基础。

2. 互联网云服务平台的需求特性

随着互联网金融的发展，互联网对基础网络设施提出了新需求。这些需求可以分为四个方面。

（1）更简单

美国的云通信公司 Twilio 所提供的服务可以简单地比喻为"打包运营商"。他们给所有应用程序开发者提供 API（应用程序编程接口），让应用程序开发者仅加入几行代码，就能够在其应用程序中添加语音电话和短信功能。Twilio 的发展显示了互联网企业的强烈需求：需要能够方便地将网络功能元素与其他功能要素进行组合，从而产生多种新的不同功能、不同性能的系列产品，并最终形成更为优秀的产品形态，这就需要基础网络功能简单易用、界面友好。

（2）更开放

互联网公司业务设计方式已经从"以用户为中心"开始向"用户参与式"转变，通过用户深度地参与业务设计，更快、更准确地把控和满足用户需求。因此，互联网企业希望网络更加开放，更简单地实现调用和配置，也能更方便地通过产业链上下游的合作来完成拼图，构建整个系统。Facebook 在 2013 年建立 internet. org 并主动加入了 GSMA，通过这些组织，Facebook 可以增强与运营商的沟通，并联合各国运营商以及多家终端厂商形成合作联盟，最大限度地扩展协作，形成更好的服务体系。

（3）更灵活

互联网业务快速迭代，要求网络必须具备快速、灵活的拓展架构，方便配合其业务变化的现实需求。Amazon 的 AWS 服务就更好地满足了自身对网络与流量的灵活扩展需求。在打折季时需要极高流量，而平时流量变化则不明显。通过云技术，Amazon 实现了对网络、存储能力的灵活扩展、动态调度，进而提高了资源的使用效率。目前 Amazon 服务可以在保持原系统可用性基础上，独立地进行扩展操作，不需要大规模的重新配置就可以快速推出新服务。

（4）更广泛

产业互联网将带来工作方式和环境的全新变化。人们可以通过虚拟的、移动的方式开展工作，这就需要将无处不在的传感器、嵌入式终端系统、智能控制系统、通信设施通过 CPS（Cyber-Physical Systems）形成一个纵横交错的智能网络，使人与人、人与机器、机器与机器以及服务与服务之间能够实现横向、纵向和端对端的高度互联与集成，让物理设备具有计算、通信、精确控制、远程协调和自治五大功能，从而实现虚拟网络世界与现实物理世界的深度融合。

第二节　中国互联网金融基础设施的发展及对策分析

一、中国互联网金融基础设施的发展

一般而言，一国金融基础设施越发达，金融体系的弹性越高，应对外部冲击的能力就越强；反之，金融基础设施薄弱不利于识别潜在的金融隐患，不利于及时化解金融风险点。纵观金融危机史，尽管危机爆发的原因各异，但金融基础设施建设滞后是共同的特性。近年来，我国互联网金融基础设施建设取得了长足的进展。从网上支付到手机移动支付，从央行大额、小额支付系统的运行到网上支付跨行清算系统的建设，从征信系统到反洗钱系统，互联网金融基础设施的硬件逐步完善。在软实力方面，以央行征信体系为基础的社会信用框架正在逐步形成；部分难以适应形势发展的金融监管法律法规正在修订，"一行三会"的金融监管协调力度进一步加大；为顺应市场的潮流，金融监管工具不断创新，监管手段逐步向国际监管标准靠拢。但是我们也应当清醒地认识到，随着金融改革深化发展，新一轮金融全球化浪潮来临，都给金融基础设施

建设提出了新的要求，需要有更稳健、更高效、更强大的金融基础设施作保证。下面从法律体系、移动支付和第三方支付、征信体系、网络云服务平台四个方面论述中国互联网金融基础设施的发展及面临的问题。

（一）中国互联网金融法律体系的发展

1. 中国互联网金融法律体系的现状

现有的法律规范中与互联网金融相关的可大致分为如下三类。

（1）旨在鼓励、扶持互联网金融发展的规范

此类规定零星散见于国务院颁布的行政法规、国务院各部委的部门规章、地方政府规范性文件中。中央层面的，如国务院发布的《国务院办公厅关于金融支持经济结构调整和转型升级的指导意见》《国务院关于促进信息消费扩大内需的若干意见》《国务院关于支持小微企业发展的实施意见》，中国人民银行发布的《中国金融业信息化"十二五"发展规划》，中国银监会发布的《消费金融公司试点管理办法》等。地方层面的，如《北京市石景山区支持互联网金融产业发展办法》《北京市海淀区人民政府关于促进互联网金融创新发展的意见》《南京市人民政府关于进一步强化金融服务小微企业发展的实施意见》《天津市人民政府办公厅转发市金融办关于金融支持实体经济和小微企业发展实施意见的通知》等。

（2）与互联网金融消费者利益保护相关的零星规范

此类条文散见于《消费者权益保护法》《中国人民银行法》《商业银行法》《证券法》《证券投资基金法》《保险法》《银行业监督管理法》《全国人大常委会关于加强网络信息保护的决定》《刑法》《最高人民法院关于审理非法集资刑事案件具体应用法律若干问题的解释》等法律、法规中。

（3）与互联网金融基础设施建设相关的零星规范

此类规范有《电子签名法》《电子银行业务管理办法》《非金融机构支付服务管理办法》《非金融机构支付管理办法实施细则》《中国人民银行关于推进信贷市场信用评级管理方式改革的通知》《网上银行义务管理暂行办法》《网上证券委托管理暂行办法》《证券账户非现场开户实施暂行办法》《互联网保险业务监管规定（征求意见稿）》《保险代理、经纪公司互联网保险业务监管办法（试行）》《银监会关于人人贷有关风险提示的通知》《证券投资基金销售机构通过第三方电子商务平台开展证券投资基金销售业务指引（征求意见稿）》等。

2. 中国互联网金融法律体系存在的问题

从互联网金融的开放性、普惠性及其金融产品的专业性、复杂性看，其法

律体系至少应当包括打击不正当竞争的市场竞争监管规则、鼓励公平交易的市场诚信监管规则、缓减信息不对称并强化信息披露的审慎监管规则、降低系统风险的稳定性监管规则。而从前述看，我国目前还缺乏比较完整的、明确具体的互联网金融监管规则，互联网金融基本上还处于无规则约束的状态。

一方面，现有金融法律规范规制的是传统金融业态下的传统金融业务，鲜有涉及互联网金融的，即使有涉及的，也因制定时间早，需加以修订。互联网金融发展亟须的金融消费者权益保护、社会征信体系构建、信息网络安全维护、金融隐私权保护等基础性法律规范也尚有待制定或完善。立法的滞后，使得我国互联网金融处于"野蛮生长"状态。以网络借贷为例，由于《取贷人条例》尚未出台，其现行的资金池、居间交易和平台担保等，均背离了网络借贷撮合中介的本质，其业务模式游走于非法吸收公众存款和集资诈骗之间，亟须出台监管规则予以规范。再如余额宝之类的货币市场基金为避免出现兑付风险，监管层应强制要求其提高风险准备金。另一方面，已有的部分互联网金融监管规则，多为宣示性条款，特别是未规定民事法律责任或虽有规定但民事责任较轻，显然不利于对互联网金融的监管。互联网金融监管只有最终回归到法律责任上，尤其是具体落实到民事责任上，通过民事损害赔偿请求权的行使，才能兼收填补损害与吓阻不法之功效，使互联网金融真正步入依法、健康发展的快车道。

（二）中国移动支付与第三方支付的发展

1. 中国移动支付与第三方支付的发展现状

作为银行和运营商之间的衔接环节，第三方移动支付服务提供商（或移动支付平台运营商）在移动支付业务的发展进程中发挥着十分重要的作用。独立的第三方移动支付服务提供商具有整合移动运营商和银行等方面资源并协调各方面关系的能力，能为手机用户提供丰富的移动支付业务，吸引用户为应用支付各种费用。目前我国第三方支付企业可分为六类：第一类是互联网类，如支付宝、财付通、盛付通等，它们依托在阿里巴巴、腾讯、盛大等互联网巨头上，近年发展迅速；第二类是电信运营商类，三大运营商均已有自己的电子支付企业，除联通支付有限公司外还有中国移动电子商务有限公司、中国电信天翼电子商务有限公司等；第三类是银联和银行类，典型企业有银联商务、北京银联、上海银联等；第四类是有地方国有资产背景的企业，如首信易付、通联支付以及各地公交 IC 卡公司；第五类是独立的第三方支付运营商，如快钱、汇付天下、易宝支付等；第六类是发卡公司，如资和信、福卡等，主要发行多用途的预付费卡。

在我国，近年来移动支付发展迅速，业务保持高位增长。移动互联网市场的发展带动了移动支付的发展。随着移动互联网市场的发展，移动支付自身也在变化，形式更加多样化，出现了短信支付、NFC近场支付、语音支付、二维码扫描支付、手机银行支付、刷脸支付等移动支付方式。

与此同时，第三方支付也取得了快速发展。支付宝、财付通、好易联、快钱、汇付天下、易宝支付、环迅支付等第三方支付发展迅速。此外，移动支付与第三方支付的结合物——第三方支付移动支付也取得了快速发展。第三方支付移动支付主要指第三方支付公司通过移动终端完成的支付，提供移动支付的主体是第三方支付公司。

2. 移动支付与第三方支付面临的问题

（1）安全问题

移动支付已成为恶意程序攻击的新目标。随着近年手机钱包越来越火，移动支付蛋糕越做越大，但"支付宝被盗刷""二维码中毒""QQ群关系数据库泄露"等问题的频发。例如，在扫描了一个病毒伪装的二维码之后，银行户头里的钱竟然不翼而飞，类似这样的消息还有许多。因此，移动应用支付的安全性受到广泛质疑。这不仅将移动支付的安全问题推向了风口浪尖，还让人们在心中产生一个疑问：移动支付为何不能"便捷"与"安全"两全？原因就在于：手机病毒、"木马"侵袭以及支付软件自身存在的漏洞，本身就可能造成安全隐患。再加上便捷与安全往往此消彼长，移动支付手续比PC上的互联网支付更简便，也会降低安全性。例如微信红包，由于支付认证与使用过于便捷，存在较大的安全隐患，更别提若一个绑定了微信账号的手机被他人捡到和擅用带来的风险。消费者信息的安全同样存在风险。中国对个人信息、隐私的保护机制长期以来严重缺失。在互联网支付中已经出现过用户信息泄露事件，而在场景更开放的移动支付环境下，这一风险就更加突出。另外，刚接触移动支付的消费者安全习惯较弱，也会放大风险。如媒体曾有报道，在微信抢红包最火爆的几天，一些群里有人发出与抢红包极为类似的链接，但点入后却是商户介绍，更有甚者引发木马中毒。

（2）利益分配问题

移动支付所涉及环节尤其多，包括银行、支付企业、软件厂商、手机厂商、电信运营商等。目前在这多方参与者中，尚未形成可持续的、各方共赢的利益分配格局以及明确的权责分担机制，使得现有的业务拓展和竞争往往停留在低水平的"跑马圈地"阶段。

（3）支撑移动支付的"应用场景"目前还不够丰富

作为行业领先者的支付宝，其应用场景的拓展也还处于起步阶段，微信支付更需要创新环境载体。当年 POS 机的出现，大大促进了信用卡的普及，但其中也经历了多年的改革与利益协调。移动支付要想真正冲击甚至取代传统零售支付工具，必须能够创新出更加丰富的应用场景，而这不是一两家企业能够完成的，需要整个行业的共同努力。

（4）支付标准不统一

养成良好的个人支付习惯固然必要，但破解安全瓶颈更需要改变国内移动支付"乱局"。对应不同的安全技术手段，各家银行、运营商和第三方支付平台的支付流程也不尽相同。业内人士认为，尴尬之处恰恰在于，这种支付方式上的"乱局"在一定程度上加大了用户的安全性疑问。在国外，尽管移动支付技术同样受到种种安全方面的质疑，但很多标准都是统一的，只需要推广在终端范围内使用。

（三）中国互联网金融征信体系的发展

1. 中国互联网金融征信体系的现状

（1）线下征信业发展概况

我国线下征信业务经过多年的发展，已初步建立了以金融信用信息基础数据库为主体、各类征信机构为补充、征信产品日趋丰富的征信市场体系。随着《个人信用信息基础数据库管理暂行办法》《征信业管理条例》以及《征信机构管理办法》等法规条例的出台，对被征信主体的隐私保护、异议申请权保护等内容都得到了重视，我国线下征信业务的管理逐渐规范。

（2）线上征信业发展现状

互联网征信是随着电商及新型互联网金融业态的出现而自然产生的，目前主要分为三种形式：一是以阿里等电商为代表的大数据占有者，利用自身数据进行分析、运用，直接或间接应用于金融领域，形成自有的一种信用生态圈。二是以国政通为代表的通过收集、整理、保存来源于第三方的互联网大数据，再通过分析模型和信用评分技术，对大数据进行深度挖掘和加工，形成符合客户需求的征信报告、评级报告等信用产品，提供给第三方的征信类机构。三是以上海资信为代表的"网络金融征信系统（NF-CS）"，采集 P2P 平台借贷两端客户的个人基本信息、贷款申请、开立、还款等信息，并向 P2P 机构提供查询服务。

2. 中国互联网金融征信存在的问题

互联网金融的发展方兴未艾，创新型金融服务平台如雨后春笋般出现，而现有征信体系建设已滞后于金融业的发展，制约着互联网金融的发展。目前，我国互联网金融征信系统建设缺位，互联网金融的信用信息尚未被纳入人民银行征信系统。征信系统的数据主要来源并服务于银行业金融机构等传统意义上的信贷机构，P2P、电商小额贷款机构等新型信贷平台的信贷数据游离于征信体系之外，无法利用征信系统共享和使用征信信息，对借款人的信用缺乏了解，导致坏账率升高，风险加大。

许多公司已经看到互联网金融征信系统缺位产生的机会，并展开行动做P2P咨询平台。但是，这些信用信息共享平台有着各自的风控模型，数据来源或是通过与线下的小贷公司共享数据的方式获取，或是通过自己的线下团队人工获取数据搭建数据库。而且，这些数据全都是割裂开来的，由每个平台各自使用。截至目前，没有一家平台将数据与其他平台共享。总体而言，自发组织或市场化运营的共享平台的信用信息，远远满足不了互联网金融行业发展的需求，征信业的发展脚步已跟不上金融的创新脚步。

（四）互联网金融云服务平台建设的发展

1. 互联网金融云服务平台建设的现状

在人民银行的大力推动和商业银行、中国银联、移动通信运营商的积极参与下，移动金融安全可信公共服务平台（TSM，Trusted Service Manager）已于2013年年底建成并通过了验收评审，建设银行、中信银行、光大银行、中国银联、中国移动等七家机构的企业TSM系统已接入试运行。随着我国金融IC卡的广泛应用、移动通信网络的蓬勃发展以及智能手机的不断普及，以移动支付为基础的移动金融已逐渐进入金融服务民生领域。为顺应国内外金融业务创新的发展潮流，落实金融业发展和改革"十二五"规划要求，人民银行坚持高起点规划、高标准建设，于2013年年初启动了移动金融安全可信基础设施建设，构建移动金融安全风险防控体系，营造移动金融开放、共赢、规范的联网通用发展局面。

一是建设了以公共服务平台为核心的国家级移动金融基础设施，提供企业TSM的应用共享、实体互信、互联互通等基础服务，建立了多层次的移动金融信息安全的基础防护体系；充分发挥产业各方的多元主体作用，加强产业链上下游协作和跨行业协调，形成科学、有效的工作体系和产业协调机制。

二是鼓励和支持企业建设符合金融行业标准和相关信息安全要求的TSM系统，接入公共服务平台，构建互联互通、安全可信的移动金融基础设施体系，为用户搭建安全可信的空中传输通道，为产业各方提供安全载体和金融应用的生命周期管理，形成涵盖数据交换、安全认证、密钥管理、行业应用管理等一体化服务，构建线上线下业务融合的移动金融公共服务体系。

三是基于移动金融安全可信基础设施，会同发展改革委等通过支持国家电子商务示范工作开展移动电子商务金融科技服务创新试点，验证标准技术成熟度、产品兼容性和系统连通性，探索创新符合民生需求、利于产业发展的移动金融技术方案与商业模式，为产业发展提供示范，促进金融业提升服务水平。

2. 互联网金融云服务平台建设面临的挑战

（1）网络功能设计复杂，耦合度高，可扩展性差

现有架构设计过于复杂，进而导致难以快速升级和优化。传统的电信网络与业务是紧耦合，更多考虑标准化、稳定性和安全性。一方面，为了保障业务不宕机，网络在设计之初就按"5个9"的标准要求建设，设计的网元和接口众多，整个网络很"重"。以 IMS 系统为例，主要网元和功能实体达到 20 个左右，之间设计的流程和接口则更多。另一方面，系统中存在大量不常用功能。以语音业务为例，95%以上的功能普通用户既没用过，也没听说过。另外，网络设计为一个封闭的系统。一般先设计规范和标准，然后再进行设备开发测试，很少基于成熟的开源系统设计，一个完整的周期一般需要五年以上，即使部分功能的优化和升级也需要以年计的时间才能完成。设备、网络和业务在设计和建设时已经紧紧捆绑在一起，缺乏灵活的应变和调整能力。这为后续的重新调整和开发带来巨大的工作量，导致升级困难和迭代周期长。

（2）缺乏集约运营和统一管理

运营商从历史上一直是按省、市、县层层划分的"城邦"体制，业务和网络都是属地化运营为主，骨干网由省公司和集团公司运营，城域网由本地网运营。各省的"被动割据"造成网络如一盘散沙，运营商的核心资源划成了一个个相对封闭的单元，也让各省网络的质量、管理水平、运维能力、开放性、技术路径各不相同，大大降低了基础网络设施的集约性和统一性。这种分割还造成了网络分段管理，业务开通和响应周期长，缺乏提供端到端的服务质量保障和完整解决方案的能力。互联网最重要的就是"无边界运营"，网络资源作为其中重要的承载基础，如果不能形成全国一张网、一盘棋，做不到统一、集约、快速的调度，显然对互联网企业的吸引力和对提升互联网业务的良好体验都将大打折扣。

（3）开放性和分离性不足，缺乏产品化和服务化能力

传统电信基础设施从设计到建设都是以"从内向外"提供能力为出发点，都是基于现有网络能力体系结构、业务提供方式进行平台的架构设计，典型的"我有什么你用什么"的思路。另外，现有的网络设施强调整体性，功能分离性不足，缺乏模块化和开放性设计，难以灵活组合。部分网络能力还缺乏标准化的能力调用接口，用户使用时需要适应不同提供商、不同提供方式和接口。最后，网络设施的设计主要面向前向用户，较少考虑面向后向用户的使用要

求。由于互联网服务模式的改变，凸显了基础网络能力的服务化、产品化程度不够。例如多种对时延、丢包等质量指标要求不同的业务混在一起承载，导致高质量要求的业务得不到差异化保障。这在语音、短信为主的时代也许不是问题，然而在强调互联网业务体验的今天，显然是无法满足需要的。

（4）网络设施动态调整的能力不足

由于网络流量突发性越来越突出，忙时和闲时的流量差别变大，数据中心的流量与运营商网络的流量时时充满变数，没有明显的规律，开发能够"随机应变"的网络就提上了议事日程。由于网络流量在不同方向和设备上的负载并不均衡，现有基础网络设施缺乏对这种流量突变的适应性，网络总体利用率不高。只有有效引导流量才能提高网络利用效率，这就需要网络设施能够识别流量的流向和区分不同流量的服务质量要求。现在，一方面应用种类繁多，较大的应用一般采取分布式部署，流量流向复杂；另一方面互联网公司大量采用 CDN 技术，流量流向与用户兴趣点变化密切相关，而这部分网络策略运营商往往并不知晓。现有基础网络设施既不能有效引导流量，平衡设备和网络的利用效率，也不具备根据流量变化的灵活调整能力，很难保障突发事件或热点事件营销时互联网企业对网络的需求。

二、中国互联网金融基础设施建设的对策

随着金融改革深化发展，新一轮的金融全球化浪潮来临，都给金融基础设施建设提出了新的要求，需要有更稳健、更高效、更强大的金融基础设施作保证。作为新兴转轨经济体，面对金融基础设施仍较为薄弱的现状，我们需要进一步提高认识，理顺机制。由于存在成本高、周期长、见效时间慢等特点，我国在金融基础设施建设方面，需要以更加开放的心态，以政府为主导，进行顶层设计，同时充分发挥市场的作用。尤其是在我国金融改革快速推进的过程中，需要将金融基础设施作为一个先导性、系统性、全局性的工程给予重视，将其作为金融改革的配套体系进行统筹管理、协调推进。

（一）中国互联网金融基础设施建设的要求

目前，我国金融改革已驶入快车道和深水区，新时期的金融改革呼唤更加国际化、市场化、智能化的金融基础设施体系。

1. 国际化

金融全球化是一国经济全球化的内在要求，也是经济全球化发展的助推力。随着金融机构"走出去"步伐加快，我国金融服务国际化的程度进一步提高，金融市场开放程度也随之提升，跨国资本流动日益频繁。这需要我国在金融立法、金融监管标准、信息披露、征信体系、支付清算体系等金融基础设施建设方面逐步与国际接轨。国际金融中心的建设也需要完备的金融基础设施作支撑。对纽约、伦敦等国际金融中心的研究发现，只有拥有国际一流的金融基础设施，才能保障资金安全，加速资金周转，增强资金的吸引力，促进形成"资金洼地"。上海在成长为国际金融中心的道路上，需要在金融基础设施建设方面不断推陈出新，搭建稳健、符合国际标准的金融平台，成为引领中国金融服务业的制高点。

2. 市场化

如果要实现"市场在资源配置中起决定作用"，金融领域仍需提升利率、汇率等金融资产价格市场化水平，加快推进人民币资本项目自由兑换，逐步打通境内境外两个市场，缩小价格差异。应改变交易所市场和银行间市场分割的现状，逐步形成统一的债券市场，丰富上市交易品种，实现市场参与主体多元化，统一托管清算系统。社会信用记录方面，在采集环节及时引入互利共赢的市场机制，实现企业征信与个人征信系统有效融合，提升信用记录的市场开放程度。通过完善金融市场和金融机构运行机制，减少市场中资源扭曲的现象，提高金融机构的风险管理技巧，提高承受竞争压力和市场冲击的能力。

3. 智能化

金融业作为高端服务业，其飞速发展需要成熟的智能化设施与之相配套，建设具有国际标准的"高速公路"，以搭建良好的信息积累平台，提高数据挖掘效率。支付清算是金融服务体系的主要功能之一，作为经济和社会资金流动的主渠道，其发展有利于减少现金使用，加快资金周转，防范支付风险。作为金融业的核心基础设施，支付体系的高效、安全运转对维护金融稳定意义重大。在大力推进移动支付终端建设、应对新型支付业务等方面建设的同时，应特别注意，支付体系不仅要做到国内资源共享，还要与国际支付清算系统连接，实现支付体系的安全和高效运转，避免造成社会资源的浪费和影响金融行业的集约化经营。

（二）中国互联网金融基础设施建设的对策

1. 中国互联网金融法律体系建设的对策

（1）立法推进征信信息共享机制的建构

第一，我国的相关立法机构应该对当前的《中国人民银行法》《商业银行法》等法律体系进行修改，通过相应的法律制度规定，来促进金融体系信用信息的共享机制建设。

第二，对于我国当前的互联网金融监管机构而言，可以成立以中国人民银行为主体的信用征信体系信息共享机制和平台建设，使不同监管部门和机构间的信息能够实现共享，并且要保证相关的地方政府能够按照信息公开条例的规定，及时全面地公开相关信息。在某些特殊情况下，可以允许相关部门和机构对相关个人的征信信用信息进行查询。

第三，我国相关部门在进行信用征信体系的建设和发展过程中，要将当前发展速度比较快的小额贷款公司、融资担保公司的金融机构主体纳入其中，以帮助其对相关客户的信用信息进行查询和管理，以更好的评价信用风险。

第四，我国应该出台措施鼓励相应的商业化信用征信企业发展，使其能够通过市场化的方式来对相关个人和机构的信用情况进行评价，从而形成多体系的信用征信体系，以满足不同层次金融体系主体的需要。

（2）完善互联网金融监管法律制度

第一，明确监管主体。一是应该建立由央行为主体的互联网监管协调机制，通过不同监管主体的协调和沟通来促进监管体系的完善；二是采取时机建立起统一的互联网金融行业监管主体。

第二，对互联网金融行业的监管规则进行明确。一是要对消费者的合法权益进行保护，要通过相应的监管主体采取措施来对相关消费者的权益进行保护；二是对互联网金融进行适度监管，要根据互联网金融的行业特点，制定出符合其发展要求的监管规则，既能保证其健康有序发展，又能降低相应的信用风险；三是要采取一致性的监管措施，以维护金融监管体系的公正性。

（3）加强消费者权益保护法律制度建设

第一，通过相应法律制度的修订和完善来促进互联网金融领域的消费者权益保护，尤其要通过统一完善的法律制度建设，来对消费者权益进行有效保护。

第二，加强互联网金融领域的信息公开制度建设。在相关监管部门进行互联网金融监管的过程中，应该除了相应的措施和规定，还要求相关互联网金融平台对其推出的相关金融产品的内容、财务状况、经营业绩等信息真实、全面地公开，以使相关互联网金融领域的消费者能够对相应信息完全知情，有助于根据自身情况做出科学、理性的投资决策。

第三，我国相应的监管部门应该采取措施促进互联网金融领域的纠纷解决机制建设，为互联网金融领域的消费者提供畅通的维权渠道。

2. 中国互联网金融移动支付和第三方支付发展的对策

（1）解决安全问题

安全无疑是移动支付的最大障碍。安全问题如果可以很好地得到解决，不仅消费者和合作者会增强信心，而且也会大大减少业务运营中会出现的欺诈问题，降低系统运营成本。现在的安全措施都比较简易，主要通过用户的 PIN 进行识别。但是更高级的安全问题需要从以下四个方面着手。

①定身份

由支付提供方（即发行方）对用户进行鉴定，确认其是否为已授权用户。

②保密性

保证未被授权者不能获取敏感支付数据，这些数据会给某些欺诈行为提供方便。

③数据完整性

这个特性可以保证支付数据在用户同意交易处理之后不会被更改。

④不可否认性

可以避免交易完成后交易者不承担交易后果。

（2）加强可用性和互操作

可用性也非常关键，这不仅涉及友好的用户界面，还与用户可以通过移动支付购买的货品和业务是否充足、业务可达的地理范围有关。而互操作问题也不仅仅局限于用户终端，还包括用户在支付时直接打交道的收款机、POS 机、自动贩售机等，这些都需要制定一些行业标准，与相关行业企业达成共识。

（3）强化市场认知度与理解

移动支付能否成功关键，还在于用户能否接受和习惯这种支付方式，以及哪些用户会最先接受？一般人都已经非常习惯通过钱包、信用卡等方式支付，对于移动支付这种新的概念仍然需要移动的时间去认识、接受和习惯。要解决这个问题就必须提高移动支付的市场认知度和理解程度。另外，对于与移动支付相关的其他行业的企业如银行、零售商等，也需要充分认识移动支付可能给它们带来的好处和商机，这些都与移动支付的发展密不可分。

（4）选择合适的合作者

移动支付还是个新兴的业务，能否成熟壮大要看今后几年的发展情况。但是有一点是非常明确的，那就是：这绝对不是一家能够独吞的市场，而是具有自己的产业链和经营模式，需要多方共同合作经营。而移动运营商也必须和以前没有合作经验的企业如信用卡机构、零售机构、设备厂家等进行合作，因此必须调配好各方利益关系，建立收入分成模式，选择有实力的合作者。

3. 中国互联网金融征信体系建设的对策

（1）加快互联网金融征信体系建设

如同人民银行征信系统一样，互联网金融征信体系将成为互联网金融乃至整个互联网社会的核心基础设施，有关部门应统筹加快建设进程。加强对互联网金融征信体系方面的研究；加快互联网金融相关法律法规体系，确保《征信业管理条例》在互联网金融行业中的贯彻实施，完善与互联网金融相关的征信制度建设；研究对互联网金融征信行为的监管，建立跨部门合作监管机制，制定并实施符合我国互联网金融实际的监管措施；引导和推动行业自律，以行业自律促进行业初期的有序发展而非"野蛮生长"；加强征信宣传教育，提高信息主体的信用意识和自我保护能力。

（2）探索建立征信系统的互联网金融征信子系统

人民银行征信系统应承担起建设互联网金融征信体系的职责。在充分研究论证的基础上，逐步将新型网络信贷机构中的信贷交易信息纳入人民银行征信系统，逐步打通征信系统与新型网络信贷机构之间的信息通道，实现能反映小微企业及个人信用状况的信贷信息在更大程度上的共享和整合。为规避信息共享中的法律风险，解决新型网络信贷机构的数据缺乏统一的、基础性、关键性的征信标准和归集困难等问题，可探索建立征信系统的互联网金融子系统，以平衡信息分享和信息隔离的关系。

（3）加强互联网金融征信的隐私保护

应加快明确互联网金融征信的数据采集范围和使用原则。互联网金融征信活动中采集的个人信息，主要以能够识别信息主体，能对信息主体的信用状况充分判断的信息为主，防止信息过度采集。互联网金融机构在采集和使用个人信息时应当经信息主体本人同意，应建立个人不良信息告知制度，明确互联网数据的使用规则，尤其要加强数据安全防范，防止用户信息和数据泄露。

4. 中国互联网金融云服务平台建设的对策

（1）加强宽带和泛在连接

宽带和泛在连接是新一代互联网基础设施的基础。宽带和泛在的网络连接将促使新一代互联网上各种应用/服务的广泛普及和易于获取。宽带化主要体现在两个方面：一是4G/5G等移动宽带与光宽带的部署和普及，提供超高速宽带服务；二是网络承载的高清语音、视频与富媒体等宽带内容占比高，不再是简单的语音和短信业务。超高速宽带网络为云服务的应用和普及提供了基础，4G/5G或者FTTH的宽带网络为"云"和"端"之间的通信提供保障；云数据中心的跨域部署与灵活调度需要骨干网络的提速和更广泛的覆盖。泛在化也体现在两个方面：一是越来越多的终端设备接入网络，如智能家居、可穿戴设备、工业智能机器人、传感器等，无线、有线能更好地协同以提供无所不在的连接；二是泛在连接的不仅仅是人与人、人与机器、机器与机器之间的通信，还包括应用与内容，表现为通过门户、搜索、超级App、Web链接、语音入口等获取各种具体的应用与内容以及应用内容之间的交叉连接。

（2）强化云服务的智能化运营

它是新一代互联网基础设施的核心突破。新一代互联网基础设施的智能化运营主要体现在以下四个方面：一是软件定义的网络；二是云资源的智能调度；三是生态化的演进；四是大数据的深度应用。

①软件定义的网络

摩尔定律引发的 IT 计算能力指数级的提升、器件的微型化和高密度集成发展为网络设备融入了更多计算、存储功能，降低了对硬件的要求并逐步实现硬件的通用化和标准化，减少了网络设备的种类和数量。网络设备的 IT 化发展促使网络控制功能与转发功能分离，控制功能由逻辑集中的软件系统来完成，通过软件定义策略和配置来改变网络的属性和能力，大大增强网络的智能性和灵活性，从而可以将现有分段管理、分域运营模式逐步演进为集中化运营方式，实现一个"轻量级、易调度、可重构、随需而变"的网络。整个网络如同业务平台，能够集约运营管理、能力开放共享、软件模块升级、资源可视化和产品化，从某种角度讲，网络即平台。

②云资源的智能调度

云计算作为新兴的 IT 技术与交付方式，为各种业务/应用提供集约、虚拟化、可管可控的计算和存储资源，改变了网络流量模型，是新一代互联网基础设施的流量超级出入口。云资源池包括 IDC 内部、IDC 之间和 IDC 跨域的高速网络互联，未来将提供跨地区、多数据中心统一协作的资源池服务。根据业务及用户需求实现动态分配、迁移等智能调度，高效地支持业务/应用的弹性扩展和就近服务。

③生态化的演进

新一代互联网基础设施会更加强调客户的参与，不断从客户、应用中得到反馈去循环改进。它不再是一个事先确定好的、标准的、封闭的体系，而是由电信运营商、互联网公司和厂商、客户等共同参与完成，不断优化的学习型服务设施。它会根据互联网业务"随需而配，随需而建"，在适应业务过程中不断完善和动态沉浮。新一代互联网基础设施成功的关键是聚集上下游合作伙伴与用户形成有人气的生态系统，并面向客户和业务快速迭代，实现开发运营服务一体化发展。

④大数据的深度应用

基于云计算的大数据平台将网络、终端和应用等平台产生的数据进行汇聚分析，可推断、感知和预测未来，促使智能决策应用迎来突破。对于普通消费者，既生活在消费互联网世界，也生活在产业互联网、服务互联网的世界，还生活在现实物理世界，大数据是打通这些"世界"的桥梁。新一代互联网基础设施是一个生态系统，大数据则是这个生态系统的神经细胞。

（3）加强网络、云资源、公共平台三部分间的协作

平台化的网络云服务是新一代互联网基础设施的突出特征。目前互联网基础设施中网络、云资源、公共平台三部分是分开运营的，而在新一代互联网基础设施架构下，不同服务提供主体和各部分之间将呈现协同开放、合作共赢的局面。平台化的网络云服务为上层消费互联网/产业互联网等提供完整的应用生态服务，包括通信连接、应用托管、网络资源调度、应用分发、公共能力、运营分析等，并形成"前向+后向"的经营模式，跨专业协同、跨行业合作将成为常态。以智能 CDN 为例，未来的智能 CDN 平台节点能根据业务热点预测、用户分布拓扑进行内容的智能推送，并下沉至网络边缘（如基站、网关等）就近为用户服务，而网络为 CDN 节点动态地调整带宽资源，云资源池根据 CDN 节点的业务迁移而动态迁移计算、存储等虚拟服务资源。

（4）以人为本和以应用为本

网络的宽带连接、可感知的体验服务（QoE，Quality of Experience）、安全、大数据等能力通过公共平台形成能力产品，并与业务结合，对最终用户提供可感知的体验服务。过去服务质量 QoS 主要是强调网络连接的分级保障，而在新一代互联网基础设施中，更强调用户 QoE。用体验包含网络连接的分级、云资源池的处理分级、用户服务体验等，这需要业务与网络之间实时互动、动态调配资源并一体化协作。20 世纪末提出的"信息高速公路"更多地强调人与人的通信连接、计算机的通信连接能力，核心是不受限制的宽带网络连接。而新一代互联网基础设施将以互联网化应用为核心，更强调以人为本和以应用为本，提供"资源+通信+信息应用"的综合服务。

第五章 互联网金融风险分析及风险管控

伴随着互联网金融的快速发展和互联网金融风险的大量暴露，研究并实施互联网金融风险管控刻不容缓。本文将详细阐述互联网金融风险与风险管控的相关知识。

第一节 互联网金融风险的基本内涵

一、互联网金融风险的内涵

当前，对于互联网金融以及互联网金融风险，尚没有统一定义，但把握互联网金融风险，首要的是基于对互联网金融特性的判断。基本上，互联网金融是金融机构或金融组织以互联网为媒介和渠道，以网络信息技术为支撑，提供金融产品和金融服务的各种金融活动。互联网金融是传统金融与互联网相融合的新型业态，其重要特性在于金融业务结合了互联网"开放、平等、普惠、协作、分享"的特点，使得金融产品和服务参与度更广、操作更加便利、交易成本更低、规模效用更大。目前，互联网金融业务发展基本有支付类（如支付宝、财付通、快钱支付等）、融资类（如阿里小贷、拍拍贷、红岭创投、众筹等）、理财类（如余额宝、众安在线、融 360 等）、虚拟货币类（如比特币、Q 币等）等种类，且这些金融产品和服务越来越接触到传统金融业务的核心。互联网金融风险是基于上述互联网金融业务所产生的不确定性和不可控性，以及发生损失的可能性。互联网金融风险不同于传统金融风险，既有金融风险，又有互联网风险，特别是基于互联网技术，决定了互联网金融风险的复杂性、多变性。

二、互联网金融风险的类型及表现

与传统金融风险比，互联网金融风险除了会加剧、放大传统金融风险的程度和范围外，还面临一系列独特的风险，增加了监管的难度。目前互联网金融风险主要有以下类别。

（一）业务风险

业务风险主要包括用户操作风险、市场选择风险和信用风险。

互联网金融业务的操作风险可能来源于互联网金融的安全系统，也可能是因为交易主体操作失误。从互联网金融的安全系统来看，操作风险涉及互联网金融账户的授权使用、互联网金融的风险管理系统、从事互联网金融业务的机构与客户的信息交流等，这些系统的设计缺陷都有可能引发互联网金融业务的操作风险。从交易主体操作失误来看，如果交易主体不了解互联网金融业务的操作规范和要求，就有可能引起不必要的资金损失，甚至在交易过程中出现流动性不足、支付结算中断等问题。由于互联网金融服务方式的虚拟性，互联网金融的经营活动打破了传统金融业务的网点限制，具有明显的地域开放性。在互联网金融业务中，安全系统失效或交易过程中的操作失误，都会构成互联网金融发展过程中的风险累积，对全国乃至全球金融网络的正常运行和支付结算产生影响。

互联网金融的市场选择风险是指由于信息不对称导致从事互联网金融业务的机构面临不利选择和道德风险而引发的业务风险。一方面，互联网金融业务和服务提供者都具有显著的虚拟性，相应的业务活动大都在由电子信息构成的虚拟世界中进行，增加了确认交易者身份、信用评价等方面的信息不对称性。在实际业务中，客户可能利用他们的隐蔽信息做出不利于互联网金融服务提供者的决策，而从事互联网金融业务的机构却无法在网上鉴别客户的风险水平，导致其在选择客户时处于不利地位。另一方面，在信息不对称的情况下，互联网金融市场可能成为"柠檬市场"。互联网金融服务是一种虚拟的金融服务，加之我国的互联网金融还处于起步阶段，客户不了解各机构提供的服务质量，这就有可能导致价格低，但服务质量相对较差的互联网金融服务提供者被客户接受，而高质量的互联网金融服务提供者却因价格偏高被排挤出互联网金融市场。

信用风险是指从事互联网金融业务的机构没有建立良好的客户关系，没有树立良好的信誉，导致其金融业务无法有序开展的风险。无论是传统金融机构还是互联网金融服务提供者，信誉风险的消极影响都是长期持续的。信誉风险不仅会使公众失去对互联网金融服务提供者的信心，还会使互联网金融服务提供者同客户之间长期建立的友好关系受到损害。由于互联网金融业务采用的多是新技术，更容易发生故障，任何原因引起的系统问题都会给互联网金融服务提供者带来信用风险。一旦从事互联网金融业务的机构提供的金融服务无法达到公众的预期水平，或者安全系统曾经遭到破坏，都会影响互联网金融服务提供者的信用，进而出现客户流失和资金来源减少等问题。

（二）技术风险

技术风险主要包括网络安全风险、技术选择风险和技术支持风险。互联网金融依托发达的计算机网络开展，相应的风险控制需由电脑程序和软件系统完成。因此，计算机网络技术是否安全与互联网金融能否有序运行密切相关，计算机网络技术也成为互联网金融最重要的技术风险。互联网传输故障、黑客攻击、计算机病毒等因素，会使互联网金融的计算机系统面临瘫痪的技术风险。一是密钥管理及加密技术不完善。互联网交易的运行必须依靠计算机来进行，交易资料都存储在计算机内，并通过互联网传递信息。然而，互联网是一个开放式的网络系统，在密钥管理及加密技术不完善的情况下，黑客可以在客户机传送数据到服务器的过程中进行攻击，甚至攻击系统终端，给互联网金融的发展造成危害。二是 TCP/IP 协议的安全性较差。目前互联网采用的传输协议是TCP/IP 协议族，这种协议在数据传输过程中力求简单、高效，注重信息沟通通道畅通，但没有深入考虑安全性问题，导致网上信息加密程度不高，在传输过程中容易被窥探和截获，引起交易主体的资金损失。三是病毒容易扩散。互联网时代，计算机病毒可通过网络快速扩散与传染。一旦某个程序被病毒感染，则整台计算机甚至整个交易网络都会受到该病毒的威胁，破坏力极大。在传统金融业务中，安全风险只会带来局部的影响和损失，在互联网金融业务中，安全风险可能导致整个网络的瘫痪，是一种系统性的技术风险。

互联网金融技术解决方案是开展互联网金融业务的基础，但选择的技术解决方案可能存在设计缺陷或操作失误，这就会引起互联网金融的技术选择风险。技术选择风险可能来自信息传输过程，也可能来自技术落后。一是信息传输低效。如果从事互联网金融业务的机构选择的技术系统与客户终端软件的兼容性差，就可能在与客户传输信息的过程中出现传输中断或速度降低，延误交易时机。二是技术陈旧。如果从事互联网金融业务的机构选择了被淘汰的技术方案，或者技术创新与时代脱节，就有可能出现技术相对落后、网络过时的状况，导致客户或从事互联网金融业务的机构错失交易机会。在传统金融业务中，技术选择失误一般只会导致业务流程缓慢，增加业务处理成本，但在互联网金融业务中，信息传输速度对市场参与者能否把握交易机会至关重要，技术选择失误可能导致从事互联网金融业务的机构失去生存的基础。

由于互联网技术具有很强的专业性，从事互联网金融业务的机构受技术所限，或出于降低运营成本的考虑，往往需要依赖外部的技术支持来解决内部的技术问题或管理难题。在互联网技术飞速更新换代的今天，寻求外部技术支持或技术外包是发展互联网金融业务的必然选择，有助于提高工作效率。然而，外部技术支持可能无法完全满足要求，甚至可能由于其自身原因而中止提供服务，导致从事互联网金融业务的机构无法为客户提供高质量的虚拟金融服务，进而造成互联网金融的技术支持风险。另一方面，我国缺乏具有自主知识产权的互联网金融设备。目前使用的互联网金融软硬件设施大都需要从国外进口，对我国的金融安全形成了潜在威胁。

（三）信息不对称风险

由于互联网金融中的一切业务活动，如交易信息的传递、支付结算等都在由电子信息构成的虚拟世界中进行。这样虽然可以克服地理空间的障碍，但同时也使得对交易者身份、交易真实性的验证难度增大。交易者之间在身份确认、信用评价方面的信息不对称程度提高，进而导致信息风险加剧。具体表现如下：

一是资金流向的信息掌控风险。信息流、资金流和物流三者的结合促进了电子商务和网络信贷的迅速发展。首先从交易过程上看，供求双方在完成交易前，必须在第三方支付平台上开设账户，资金支付只有通过公共的第三方平台才能流转。在资金的调拨过程中，虽然依旧离不开银行的底层服务，但从业务性质上看，第三方支付企业事实上已经从事了与银行结算类似的业务。在第三方支付企业基本承担起银行在电子商务里中小规模的支付结算业务后，作为支付中介的一般存款账户实际成为银行无法控制的内部账户。其次，在互联网金融模式下借贷平台的资金转账过程中，资金并不是由出借人的账户直接转入借款人账户，而是必须通过网络平台才能实现周转。实际上，大多数网络信贷平台都是通过第三方支付形式来完成的。由于网络借贷平台具有匿名性和即时性的特点，因此对于互联网模式下资金流向的追踪就变得更加困难。

二是放款者决策的信息风险。与传统商业银行的借贷不同，网络借贷是在借款人和放款人之间直接进行的，属于直接融资而非间接融资。这其中，第三方平台只起到撮合交易的作用，并不直接从事借贷活动，因此并不属于金融机构。这种交易没有金融机构的直接参与，一般借贷的额度不高，也没有抵押担保，实质是一种信用借贷。而信用借贷也就意味着风险主要由借款者承担。虽然在网络借贷模式下，凭借平台积累的注册信息、销售额现金流和历史成交记录等信息，能为放款者提供一定的参考借鉴，但仍无法消除放款者的决策风险。

对于电商小贷而言，尽管可以根据自身积累的用户交易，售后以及客户评价等信息对贷款申请者进行更有效的信用评判，但这种模式依然不能完全消除放款者的决策风险。从电商信用体系建立的机制上看，历史的记录并不能充分地模拟和预测未来，而且贷款申请者也完全可以通过构造虚假交易、提高交易频率以及获取更多好评来提高其信用评价，在信用体系中伪造出较高的信用评级，进而获得更好的信贷与交易优势。

最后，由于互联网金融业务和服务提供者具有显著的虚拟性特征，所以在交易者身份的确认和信用评价等信息方面往往会产生明显的不对称性。在实际业务中，出借人不可能对借款人的资金使用情况进行有效监控，而网络借贷平台又不可能像商业银行一样对贷款的使用进行审查，因此借款人很容易通过隐瞒他们的一些信息，做出不利于互联网金融服务提供者和放款者的决策，从而使放款人在选择客户时处于更加不利的地位。此外，一旦资金出现损失，放款人还往往会陷入无法有效进行追讨的困境。因此，在互联网金融中，放款者决策的风险需要得到重视。

三是数据爆发式增长带来的信息不对称风险。数据总量的爆发式增长，在带来数据挖掘与分析便利的同时，也会加剧金融市场的信息不对称程度。首先，信息收集的成本在提高。包括软硬件设施在内的前期投入，是信息收集面临的第一项成本。虽然信息技术的发展使得记录、存储设备的价格变得不再高不可及，但对于一般企业或个人，这种信息收集的前期成本仍不可忽略。除了有形成本外，信息的收集还需要付出时间。一方面，大数据的形成是一个需要一定时间积累的过程；另一方面，在互联网金融的信息收集领域，最先进入者有先发的竞争优势。早在 2003 年就成立的阿里巴巴电商集团，直到 2013 年才开展互联网金融业务，其中一个很重要的原因就在于商业数据的时间积累。而阿里金融之所以虽被普遍看好却难以复制的关键，也在于其积累了先发优势，后来者要重新积累这些消费者的交易与信用数据将是十分困难的。其次，有效信息获取的效率并没有显著提高。不可否认，信息时代的到来使得社会间信息沟通的规模和速率大大增强，然而这并不意味着有用信息的获取变得更为迅捷和容易。一是网络信息资源所具有的无限性、广泛性、廉价性、共享性、无序性等特点，使用户在获得有用信息的同时，不可避免地也会被大量的虚假信息、无用信息所困扰。信息大爆炸造成的信息环境污染和"噪音信息"的蔓延，增加了人们识别、判定和利用有效信息的困难。二是信息解读的技术要求在不断提高，增加了获取有效信息的难度。一般来说，可以通过传统搜索引擎搜索到的信息只是互联网的表层信息，层次更加丰富、更加专业的深层信息，则通常储存在网络检索界面无法触及的后端，存储在 Access，Oracle，SQL Server，DB2 等数据库中。这部分数据的读取必须使用网站的搜索工具进行直接交互式查询。由于当前搜索引擎的信息抓取程序还不具备在交互式检索窗体中填写或选择所需字段信息的能力，无法向数据库提交检索关键字，因此一些很有价值的信息资源对用户，尤其是企业用户来说，是无法直接获取的。再次，信息噪音带来的交易风险在提高。由于信息在互联网中具有传播速度快、范围广的特点，因此金融资产价格也更易受到网上突发信息的影响。

（四）法律风险

我国的互联网金融还处于起步阶段，相应的法律法规还相当缺乏。近年来，我国相继出台了《电子签名法》《网上银行业务管理暂行办法》《网上证券委托管理暂行办法》《证券账户非现场开户实施暂行办法》等法律法规，但这些法律法规也只是基于传统金融业务的网上服务制定的，并不能满足互联网金融发展的需求，而互联网金融市场的准入、资金监管、交易者的身份认证、个人信息保护、电子合同有效性的确认等方面都还没有明确的法律规定。因此，在利用互联网提供或接受金融服务时，配套法规的缺乏容易导致交易主体间的权利、义务不明确，增加相关交易行为及其结果的不确定性，导致交易费用上升，不利于互联网金融的健康发展。

互联网金融的法律风险主要包括两个方面：一是互联网金融业务违反相关法律法规，或者交易主体在互联网交易中没有遵守有关权利义务的规定，这类风险与传统金融业务并无本质差别；二是互联网金融立法相对落后和模糊，现有的银行法、证券法、保险法等法律法规都是基于传统金融业务制定的，不适应互联网金融的发展。如《巴塞尔协议Ⅲ》关于商业银行资本充足率、杠杆率等规定以及其他相关规则对互联网金融的适用性较弱。互联网金融涉及互联网技术、信息科技、金融管理等诸多领域，互联网金融的立法难度将远远超过传统的金融立法。虽然我国已经初步构建起网上支付业务的管理体系，但在网上支付的部分领域，很多政策仍处于空白阶段，仍有很多企业大打"擦边球"，游走于政策法规边缘，来获取各种机会收益，对这种不断发展变化的投机行为的监管缺失，也在一定程度上影响了整个网上支付的健康发展。

第二节 国内外互联网金融风险的现状

一、国内互联网金融风险的现状

随着互联网的快速扩张，互联网金融也快速发展起来，现在互联网金融已从单纯的支付业务向转账汇款、跨境结算、小额信贷、现金管理、资产管理等传统银行业务领域渗透，已使商业银行备感压力。但由于互联网业务创新速度过快，没有现成法规可循，往往游离于银监会和央行监管之外，加上互联网的开放性，潜在风险不容忽视。互联网金融风险集聚，除了操作风险、信用风险等金融机构常有的风险外，还会出现一些新的风险。

作为互联网和金融的结合物，互联网金融同时具有二者的属性。不过互联网金融的核心及本质还是金融，互联网仅仅是手段和方法。也正是这个原因，使得互联网金融不仅面临着传统金融所具有的风险，同时也面临着基于网络技术这个平台而产生的特有风险。总的来说，其风险有如下几个显著特征。

（一）金融风险的扩散速度较快

无论第三方支付还是移动支付，包括 P2P 网贷、众筹平台、大数据金融、信息化金融等在内的互联网金融，都建立在具有高科技特点的网络技术基础之上。这使得互联网金融业务能够在最短时间内得到处理，也为简单、快速的金融服务提供了强大的信息技术支持。然而，任何事物的任何特点都具有两面性。从相反方向来说，高速的数据传输也意味着高速风险传输，一旦金融风险发生了，便会很快扩散开来。

（二）金融风险监管比较困难

在信息高速运转的时代，大部分互联网银行或手机银行都可以在互联网或移动互联网上完成交易和支付。与传统的金融机构不同的是，互联网金融采用的是电子记账和电子化处理业务，通过电子化方式进行支付。众所周知，互联网金融活动都是在网上进行的，从而使这样的交易有了虚拟性，不仅失去了地理方面和时间方面的限制，而且整个交易过程也显得很不透明，包括交易对象都变得极其模糊，这些无疑都使得互联网金融风险的形式变得更加多样化。方式和金额的不可预料使得风险的防范和化解尤其困难，一旦某个步骤中产生交易风险，将会给客户和提供互联网金融服务的那一方造成难以想象的损失。

（三）金融风险之间传染的概率较高

在传统意义上的金融活动中，当人们认为有可能发生风险时，可以采取一系列措施将那些可能导致风险的不同源头阻隔开，可以采取分业经营或者特许经营等，尽可能地减少它们之间接触的机会，也就使这些风险相互传染的概率大大降低了。这些风险都在常年的经营中得到预测和分析，并且在监管部门的量化下，可以将这些风险进行划分确定其归属，从而将其定义为某类风险并制定控制措施，以防再一次发生。而在互联网金融中，物理隔离的有效性相对减弱，当这些金融机构之间推进的网上业务之间的相关性增强时，矗立在它们中间的防火墙就要具备更强的防护能力。现阶段，整个社会的金融活动呈现出一幅穿梭往来的局面，各大金融机构之间展开了许多综合的金融业务，在现有产品体系内，它们之间的相关性日益增强。同时，机构与机构之间，乃至国家与国家之间的沟通也越来越频繁。这些改变都极有可能引发金融风险的交叉传染。

二、美国互联网金融存在的风险

（一）美国互联网金融的风险来源

由于美国的互联网金融的扁平化，使其金融风险必然具有高传播性、高虚拟性、高复杂性的特点。因此，无论互联网金融任何部分出现问题都容易造成互联网金融"太互联而不能逃""风险传播过快而不能救"的情况，最终引发系统性的金融危机。因此，要了解美国互联网金融风险的来源及分类，以制定有效的风险防控措施。

现阶段，美国互联网金融风险来源主要有五个方面。

一是行业聚合放大行业风险。互联网金融作为一个互联网和金融的融合体，兼具两者的属性，所引发的风险具有"1 加 1 大于 2"的放大特征。同时，随着美国互联网金融越来越向广义概念发展，更多的非金融机构将突破行业边界涌入互联网金融领域。然而，非金融机构在风险识别、风险控制等方面的经验不足，能力有限，因此其展开的金融业务也潜藏着一系列风险和隐患。

二是互联网技术安全缺陷。由于互联网技术长期存在安全缺陷，网络信息安全已经成为美国消费者最为关心的问题。随着互联网企业的金融化，诸如病毒侵袭、黑客非法闯入、数据"窃听"和拦截、拒绝服务攻击、垃圾邮件和不良信息传播等常见的网络安全风险，也会进入互联网金融领域，引发、异化出更多的安全问题。而由于互联网金融的交易都在网络上进行，信息高度透明，美国的企业和个人若想申请融资则需要提供许多关键的企业或个人信息，一旦信息泄露，将对金融消费者造成极其恶劣的影响和损失。

三是信息系统的不稳定性。随着互联网和计算机技术等信息技术的高速发展，网上交易的速度也明显增快，互联网金融企业仅出现任何诸如订单系统、交易系统、支付清算系统等局部崩溃问题，都可能造成延误交易时机等隐患，可能给公司带来巨大的损失，甚至引发严重的金融风险。

四是消费者保护问题。由于互联网金融门槛很低，具有明显的普惠特征，其消费群体主要由零散的普通民众构成，多数消费者并不具备足够的金融知识以识别风险。同时他们承受风险的能力也比较差，因此，一旦爆发任何危机，即便消费者仅仅听到任何传闻，都会轻易引发羊群效应，最终极易触发系统性金融危机。

五是监管的有效性受到挑战。从金融创新相关理论角度分析，美国著名金融学家 Frederic S. Mishkin 认为：金融创新的原因主要有三类，即适应需求变化的创新，适应供给变化的创新和规避法律、政策监管的创新，并且在金融创新的过程中，三种动机常常相互交织。① 作为金融创新的一种，互联网金融也是这三种动机交织结合的产物。许多互联网金融企业正是利用互联网监管技术的缺陷和互联网金融概念边界的模糊，有意规避监管，这直接增加了可能存在监管漏洞，对监管有效性产生极大挑战。

(二) 美国的传统金融风险

吴晓求认为，互联网平台与金融体系功能的支付清算、提供价格信息、风险管理和资源配置四大功能在基因上具有更高的耦合性。② 互联网金融的发展机制也注定互联网金融必然保留传统金融大部分特质，因此美国的互联网金融也面临着许多传统金融风险，如：流动性风险、信用风险和市场风险。

流动性风险，指的是虽有清偿能力，却由于在一定时间内无法在获得或无法以合理成本获得充足资金以应对资产增长或支付到期债务的风险。传统金融的流动性风险主要源于期限错配、超预期的资产损失、因市场恐慌导致的大规模集中提取、赎回，③ 互联网金融流动性风险具有与传统金融高度相似的形成机理，其流动性风险也源于以上因素。虽然，互联网金融可以通过大数据分析

---

① 弗雷德里克·米什金. 货币金融学 (第九版) [M]. 北京：中国人民大学出版社，2011.
② 吴晓求. 互联网金融的逻辑 [J]. 中国金融，2014 (3)：29-31.
③ 武长海，涂晟. 互联网金融监管基础理论研究 [M]. 北京：中国政法大学出版社，2016.

进行流动性管理，提高投资合理性、多样性，并且互联网金融消费者资金零散，即使出现集中赎回也未必会对互联网金融平台造成难以控制的冲击，这些因素能够在一定程度上起到抑制流动性风险的作用。但是，由于互联网金融的虚拟性，产品的复杂性，以及短贷长借却使期限错配的概率大大提高，促使互联网金融同样容易产生流动性风险。另外，互联网金融缺乏传统金融机构存款准备金等制度保障，一旦出现"挤兑"等情况，也极易引发严重的流动性风险。

信用风险，在传统金融领域指借款人到期未偿还债务而产生违约的风险。这种情况经常发生于传统金融，一旦出现信用风险，银行的财务计划将出现问题。传统金融的信用风险主要来源于贷款人，其中包括损失的本金和利息，对现金流的破坏以及增加的代收成本。互联网金融的信用风险主要因为交易的虚拟性，使交易双方难以确认身份、确认交易真实性，加剧了交易双方的信用评价信息的不对称性，隐含借款难以收回的风险。在互联网金融领域，这种风险还会受到贷款平台信用的影响。平台信用风险出现的情况主要源自互联网平台的资金用途及流向无法被监管部门及时监控，由此产生了诸如：贷款平台没有向投资者履行约定的收益或由于无法维持经营而倒闭，违反法律的欺诈而使投资者遭受损失等现象。

市场风险，在传统金融领域是指：由于市场的不可预测性，利率、汇率等基础金融变量不利变动，导致衍生工具价格或价值发生变化而造成损失的风险。每一个从事资金借贷或者投资于付息金融工具的公司都会有一些信息暴露在市场风险中，互联网金融也不例外。互联网金融平台销售的理财产品会投资到金融市场中，因此，如股票价格涨跌、利率波动、汇率变动等金融市场风险都会影响互联网金融理财产品的净值和平台的公信力。类似的，如房地产行业的商业周期波动，也会对互联网金融产品的价值产生影响，进而波及互联网金融平台的盈利水平。

（三）美国互联网金融的新型风险

美国互联网金融的新型风险主要由信息技术的飞速发展引起，并且这种风险伴随着互联网金融化的深入而不断增大。对于美国互联网金融的新型风险，学界虽未形成一致的风险分类，但主体思想基本一致。本书将这些新型风险划分为：技术风险、操作风险和法律风险。

技术风险，是指由科技进步和生产方式的改变而产生的风险。互联网技术使人们可以近乎零成本地参与经济，这种"零成本"所造成的外部性也产生了许多负面的影响，扩大了互联网金融的影响范围，加深了其影响程度，加快了风险传播的速度。互联网金融的技术风险主要有三种，即系统安全风险、技术选择风险和技术支持风险。系统安全风险源于 TCP/IP 协议安全性差、密钥管理及加密技术的不完善以及计算机病毒的传染和扩散。计算机病毒一直是保障互联网金融安全的巨大挑战。当前，黑客的攻击活动正以每年十倍的增长速度发展。据《2018 年的黑客调查报告》统计，美国的黑客数量位列全球前五名，和印度的成员占比达到 45%。2016 年美国全境爆发由 Mirai 恶意软件引发的互联网瘫痪事件以及 2017 年爆发的比特币勒索事件，一次次刺激着美国人原本就对平台技术安全充满担忧的神经。技术选择风险的产生一般由信息传输过程的低效或技术落后引发。在传统金融互联网化机制下，这类风险多数情况并不会造成过大损失，仅会造成业务操作效率低下，业务成本增加的结果。而在互联网金融领域，技术选择失误造成的数据传输缓慢，甚至会导致互联网金融企业遭受难以挽回的损失。技术支持风险源于互联网金融企业出于成本技术等因素的考虑，向企业外部寻求技术支持或直接采取技术外包的做法，而一旦外部支持由于技术难题或自身原因终止，也会导致互联网金融企业部分乃至全部业务的瘫痪，生成技术支持风险。

操作风险，是指由内部控制不完善、系统缺陷、人员操作失误等原因造成直接或间接损失的风险。随着信息技术在经济生活各领域的深入渗透，金融业中基于人的行为和程序技术所产生的操作风险也更加频繁发生，产生的恶劣影响也越来越大，已经成为严重威胁现代金融发展的重要因素之一。在互联网金融模式下，除了传统上由于经营团队不佳、风控能力较弱，导致因决策失误、结算失误、交割失误以及履约错误而造成损失的操作风险，互联网金融还表现出传统金融模式下所没有的操作风险。比如，由系统技术过失引发的操作失误；复杂的账户授权管理下，容易发生未经明确授权就擅自使用客户账户的情况；互联网金融企业未建立有效的系统操作体系，导致信息遗失、信息拥堵、交易失败和客户财产损失等问题。此外，由于工作人员或投资者操作不当，或由于客户缺乏对新型金融产品的缺乏足够认知而造成的操作失误。

法律风险，是指交易过程中由于合约不具法律效力或订立不当等原因，导致合约无法履行而给交易主体带来的风险。互联网金融的法律风险多由于法律滞后于金融创新的发展而引发。互联网金融凭借成本低、操作方便等优势迅速在美国发展起来。然而与金融创新的蓬勃发展相比，美国金融监管部门的监管手段单一、落后，法律法规规定不足，相关法律法规的出台相对缓慢，导致互联网金融领域产生的法律风险也较传统金融更复杂，更难以解决。

第三节　互联网金融中的主要风险分析

一、网络安全风险

对于互联网金融而言，网络是其存在的平台。在当前情况下，因为网络安全问题导致的互联网金融损失比比皆是。对于网络安全而言，最常见也是最重要的几种风险分别是网站被篡改、网站挂马、网络钓鱼和网站后门。

（一）网站被篡改风险

通常来说，网站被篡改就是黑客向网站植入不易被网站管理员和用户发觉的黑链，这些黑链大多是各种商业广告的链接，广告对象可能是出售广告位，也可能是为了谋取经济利益而提供所谓的网站排名优化，也有可能是以此作为跳板来发起网络攻击。近年来，随着网络技术的日益发达，网络被篡改的风险也日益增加，给互联网金融消费者的财产安全造成重大威胁。

（二）网站挂马风险

在网页中嵌入恶意链接或程序，一旦用户访问该页面，计算机便会迅速被植入这些恶意链接或程序。如果用户主机的某些应用软件或相关操作系统有漏洞，在没做好安全防护的情况下，黑客安放的这些链接或程序就会由此侵入主机，在控制用户主机之后，便可以窃取用户的个人信息。

（三）网络钓鱼风险

当前钓鱼网站比较多，通常采用的方式是通过微信、QQ 或者 MSN，也有手机短信、微博的方式，给用户发送一个链接，大多是提示中奖之类的，接到信息的人如果按照提供的链接点击进去，极有可能使机器中毒或者个人账户信息泄露。

（四）网站后门风险

当网站服务器被黑客入侵后，他们会留下后门程序。通过网站后门，网站服务器上的文件可以被查看、修改、上传等。不仅如此，甚至连网站服务器的命令都可以被重新定义。

二、操作风险

由于不同用户使用不同终端引发的操作失误，金融服务提供商的员工操作违规，内部控制失误、不完善等操作问题而引发损失的风险，称为操作风险。在现实中，互联网金融行业尚未形成统一、规范的操作流程，行业协会还处于弱势地位，缺乏制定行业规范并推广的权威性，这使得互联网金融服务提供商所提供的业务流程必然存在差异。下面从三个方面来介绍互联网金融的操作风险。

（一）支付方式创新带来的风险

现在支付方式渐渐地走向移动支付，不管是依托红外、蓝牙的近场支付，还是以网银、电话银行和手机支付为代表的远程支付，在给人们带来一系列便利的同时，也暗藏着技术和业务的风险。

（二）行业间关联性风险

作为金融创新的互联网金融，它所面临的风险不仅仅来自自身，也来自与其相关的其他金融机构，甚至有可能是其他相关行业。当前，金融机构间关联业务越来越多，风险交叉感染的可能性也越来越大，需要更多地关注。

（三）消费者操作风险

很多用户对互联网金融的风险认识不足，对可能诱发风险的源头也辨识不清。3G、4G无线网络的快速普及，使越来越多的用户通过WiFi在一些网络终端设备上进行金融交易。而大多数消费者都对WiFi的安全隐患认识不足，黑客极有可能乘虚而入。比如说，当用户登录黑客设立的假冒WiFi站点时，银行账号和密码很有可能被套取。

三、信用风险

信用是金融产品定价的依据，对于以金融为核心的互联网金融而言，同样如此。一般来说，不同参与方确定利用互联网开展金融交易的前提是，他们对互联网所提供的金融平台及其信誉持有认同的态度。由于互联网金融平台的介入，两方交易演变成三方交易，这为交易流程带来了新的风险，虽然也在一定程度上弥补了社会信用体系的不足。

（一）内部欺诈风险

内部欺诈风险指的是企业内部员工骗取、盗用财产或违反监管规章、法律的行为带来的风险。一般分为两类：未经授权的活动和项目，以及盗取和欺诈等行为。表现形式有故意不报告交易、交易品种未经授权、假存款、勒索、挪用公款等。

（二）外部欺诈风险

外部欺诈风险指第三方骗取、盗用财产或逃避法律责任而导致损失的风险。

曾有多家 P2P 网贷企业破产、"跑路"，信用风险表现强烈。随着市场竞争的加剧，信用风险逐渐暴露，其中一个值得警惕的现象是"借款人包装"行为，即不满足条件的借款人通过虚假性或误导性资料"美化"自己的信用，制造"合格"假象。这种包装若无专业人士的"指导"，不难被识破，并不会给 P2P 网贷平台带来太大风险。但若有专业人士的"配合"，其欺骗能力则大大增强，平台将难以识别。"专业化"的借款人包装通常有两种实施形式：一种是小贷公司或 P2P 网贷平台的从业者辞职后专职或兼职从事此项业务，由于熟悉信用评估流程和审贷要求，"专业包装人"可为借款人提供大量指导意见，帮助后者"美化"其贷款申请材料；另一种是 P2P 网贷平台的在职员工与借款人相配合，除了给其"指导"之外，还利用职务之便帮助其获得贷款或提供内部消息。

对于第一种实施形式，由于"专业包装人"已经脱离了借贷机构，其身份更像是独立"贷款顾问"，只要不故意引导借款人造假，其行为有积极意义；即使存在不规范行为，在目前的环境下也没有有效的外部制约措施，主要依靠平台切实进行尽职调查、加强贷款审核。第二种实施形式则要求平台必须加强内部监督，对重点岗位予以经常性检查，设定预警条件和应急措施，在发现"骗贷"事件后进行快速响应和严肃处理。

目前，一些平台正在尝试通过行业组织建立"从业人员黑名单"机制，互相通报有不端前科的 P2P 网贷从业人员，以在更大范围内约束"专业包装"等行为。这一机制能否顺利建成并有效发挥作用，值得关注。值得注意的是，平台若判定某个从业人员行为不端，应有充分的事实依据，并给予其申诉的权利。

四、法律及声誉风险

互联网金融作为一种创新的金融模式，并没有专门针对它的监管部门和法律条规，仅仅是按照现有的相关法律法规进行监督和约束，显然这些法律不能很好地适应发展迅速且模式复杂的互联网金融。相应政策的缺乏和法律的滞后，使得无论是投资者还是金融平台都面临着不确定的风险。另外，对于央行来说，这部分资金也不在监管的范围内，极有可能面临着洗钱的风险。具体来说，有以下几个方面。

（一）法律滞后风险

鉴于互联网金融出现的时间短以及发展的速度快，我国的相关法律法规处于一种滞后的状态，不能及时有效地实施相应的监管。现实中，当互联网金融服务提供商具有一定的实力后，会向客户承诺一系列保障措施。然而，由于网络交易环境自身的特征，一旦用户发现在互联网金融服务交易发生过程中出现资金损失或遭受欺瞒、诈骗等行为时，必然会引发纠纷诉讼，还有网络交易责任承担、电子证据认定等一系列法律责任问题。因此，互联网金融在我国发展，首先要关注宏观形势及金融政策和法律制度，切实防范法律风险，避免踏到红线。

（二）主体资格风险

当前，我国并未出台与互联网金融有关的法律法规，这使得该行业一直游离于金融服务行业与网络运营行业的"灰色地段"。主要表现为：第一，互联网金融机构从事的金融业务与传统金融机构极其相似；第二，该类企业并未得到证监会的正式认同和批准。由此看来，互联网金融服务的经营主体资格是否合法仍然在法律上存在很大的争议。

（三）虚拟货币风险

现实中，一些金融服务平台提供的虚拟货币在线上交易中承担着"硬通货"的角色。支付宝的财付通下面的 Q 币，就是其中最典型的例子。以前是作为游戏币来使用，现在也可以在财付通支付平台中实现支付功能。当前，蓬勃发展的互联网金融服务平台纷纷推出其自行设计并发行的虚拟货币，伴随着日渐增多的互联网金融服务应用，这在一定程度上促使其虚拟货币具有现金替代能力及广泛的支付能力。由此，必然引发国家、金融监管机构对虚拟货币更为严格的法律监管。不管最后的结果怎样，虚拟货币风险首先是给用户造成相应的损失。由于虚拟货币与实体货币并未发生关联，它的发行主体——各类金融服务平台，也必然会如实体银行一样，存在"大众挤兑"等金融风险。由此引发的直接后果是，虚拟货币的合法性亟须得到金融监管部门乃至政府的认可。

（四）网络洗钱风险

由于互联网金融系统的不完善，尽管实施了实名制规则，一些图谋不轨的分子仍然有可能将互联网发展成洗钱的重要渠道，并会为网络赌博等违法行为提供必要的资金支持。互联网金融服务具有虚拟性特征，这一方面为不法分子通过非法手段窃取用户在互联网上的金融账户信息提供了便利；另一方面在互联网金融平台上，不法分子还可以伪装成交易中的任何一方购买或售卖商品，从而给互联网用户造成可能的损失。

由于互联网金融服务商利用各类充值卡工具，为交易双方提供虚拟账户，并让其将资金打入该账户，从而为交易完成后的支付或转账做好准备，这为不法分子提供了活动的空间。如利用该方式，将资金的源头隐匿，从而达到转移资金、洗钱的目的。政府及金融监管机构应该对在互联网金融服务中防范洗钱风险给予高度重视。

（五）声誉风险

民间舆论可能对与互联网金融机构相关联的业务、客户等方面产生不利影响，即声誉风险。它在一定程度上影响互联网金融服务中的业务交易往来，同时存在造成存量和潜在客户损失的风险。由于金融服务平台在互联网上建立并运行，一旦发生信用或技术等风险问题，必然会在互联网上迅速传播开来。这意味着互联网会加速并加剧声誉风险，从而对互联网金融机构造成根本性的伤害，以致破产。

第四节　互联网金融风险的管控分析

一、互联网金融风险的形成原因

（一）互联网金融的交易主体缺乏管理经验

当前，由于我国互联网金融公司参差不齐，交易主体缺乏管理经验，如果管理团队、从业人员以及市场交易等任何一个环节出现变数，都可能导致公司运行出现问题。在业务实际运作过程中，有的电商经营者通过运用大数据、云计算等技术，再加上拥有庞大的固定消费群体，每一个交易行为都可记录、可分析，其对风险的判断能力会更强；但还有一些互联网金融从业者缺乏从业经验，没有风险控制管理常识，缺乏风险控制能力及良好的经营团队，这就成为这类公司发生风险的潜在因素。

（二）社会信用体系不够健全

由于与互联网金融相关的社会信用体系不健全，获取和共享企业及个人的征信信息是当前信用体系建设面临的最大难题。目前，在社会信用体系数据库建设过程中，从央行的征信中心、工商局的中小企业中心等部门获取的征信信息，难以涵盖企业、个人等主体完整、具体、有效的经营活动，其作用也非常有限，使整个互联网金融平台蕴含着大量的金融风险。在多年信用管理系统的实践中发现，互联网无法完全替代传统的信用评估、风险管理，仅凭互联网上的信息和交易是不够的。在当前互联网金融业务发展环境中，业务背景未能与实体经济对接，对个人信息未能实施有效保护，面对几千万小微企业主、贫困群体，纯粹依靠虚拟世界的信息去做风险评估不太可能。近年来，小规模的个人信息泄露违反了商业道德；如果上升到战略高度，大规模的个人信息泄露可能危及国家安全。

（三）网络系统数据的真实性、保密性、可靠性存在一定问题

互联网金融具有便捷的特征，一些从事互联网金融业务的小公司，一味贪图简单、方便，在系统技术不健全、网络技术安全存在隐患、相关数据库的可靠性无法得到有效保障的情况下跟风开展业务，加之当前监管缺位，极容易造成数据丢失、交易者个人信息泄露，甚至被出卖等风险的发生。

（四）违法违规的现象有所凸显

由于立法滞后，监管缺位，准入门槛过低，从事相关业务无须相应金融监管部门的批准，导致行业内部鱼龙混杂、机构水平参差不齐。比如，据媒体报道，某创业企业通过电子商务平台发售公司股份，存有非法集资的嫌疑；某个人通过网银、第三方支付发售彩券，抽奖，是一种事实上的博彩行为。

二、互联网金融风险防范与管控措施

互联网金融涉及的平台、用户、市场十分广泛，需要对其进行规范，防范

潜在风险，促进互联网金融健康发展。

（一）加快立法进程，建立和完善相应的法律法规

应尽快出台互联网金融风险防范的法律规范，逐步形成与国际接轨、促进互联网金融发展的法律体系。一是明确商家、消费者、第三方支付系统等电子交易各方的权利与义务，确保权责对等，规范交易者之间的交易活动，加强资金管理，限制资金流向和用途，切实保障交易当事人的合法权益。二是制定数字证书、数字签名、电子证据、电子合同等电子信息管理细则，明确互联网金融机构维护电子数据，确保数据信息真实、完整的责任，并要求其对数据信息做好备份，长期保存，严禁篡改、伪造、销毁交易记录及客户资料、系统日志等电子数据。

（二）完善社会信用体系，加快互联网金融配套征信系统的建设

要加快征信系统建设，确保系统建设进度与互联网金融发展匹配。一是以创新征信手段为契机，将互联网金融平台产生的信用信息纳入企业和个人信用数据库采集范围，为互联网金融提供服务，建立覆盖全社会的全面、真实的征信系统数据库。二是将在互联网平台从事电商经营的企业适时运营数据，个人信用卡使用、纳税，法院、公安、社保、交通违法等多方面的信息，纳入数据库管理，形成行业内部征信系统，并与整个外部征信系统进行有效对接，开放与共享相关信用数据，为客观评价企业和个人信用提供良好的数据保障。三是通过线上线下途径核实客户身份，在全面审查的基础上对借款人做出信用评价，共享存在不良信用记录的借款人信息，完善客户信用评价机制。

（三）关注消费者群体，构建互联网金融消费者保护机制

要加大互联网金融消费宣传力度，加强对金融消费者权益的保护。一是构建消费者保护协调合作机制。结合互联网金融跨行业、跨区域交易实际，加强跨行业、跨区域的协调合作，确实使互联网金融消费者权益受到保护。二是畅通互联网金融消费纠纷解决渠道。打造专门调解互联网金融纠纷的平台，降低纠纷双方的纠纷解决成本，有效畅通互联网金融纠纷解决渠道。三是积极开展互联网金融消费宣传教育。充分利用报刊、广播、电视、网络等各种媒介平台，将互联网知识和金融知识充分结合，开展全方位、多角度的金融消费者教育，提高互联网金融消费者的风险意识和自我保护能力。

（四）统一监管标准，完善互联网金融监管机制

要建立统一完善的互联网金融交易监管体系，确保充分包容创新、监管到位。一是明确互联网金融的监管职能，重新梳理各类互联网金融的业务范围，对互联网金融机构和金融业务的监管主体予以明确。二是加强互联网金融现场监管。结合互联网金融业务的特点，明确非现场监管对象，对注册资本、组织结构、人员资质等方面设置行业准入标准，完善行业运营监管办法，从业务经营的合法合规性、资本充足性、资产质量、流动性、赢利能力、管理水平和内部控制等方面，构造一个符合网络金融生存发展的金融监管检测指标体系和操作系统。三是要建立互联网金融风险监测和预警机制。加强对该行业的研究和监测，实时监控互联网金融相对密集的行业技术、众多参与人员流动及跨区域发展背景等内容，制定配套的应急处理机制，完善风险预警机制。四是要加强国际监管协调。加强国际金融监管合作，明确互联网金融对地域、准入条件、交易主体、业务范围等概念的区分，统一监管跨国性互联网金融交易行为，逐步建立统一的国际监管协调机制。五是建立合理的互联网金融市场退出机制。细化互联网金融市场退出管理标准和流程，明确交易主体在经营过程中出现重大风险、严重亏损、重大违法违规活动、被依法吊销营业执照终止运营等情况时，应当有义务采取合法、有效措施继续履行交易合同，并按照市场推出原则告知客户相关事宜，切实保护交易主体的合法权益。

三、促进我国互联网金融发展的建议

（一）完善互联网金融立法，促进互联网金融发展

从西方发达国家探索出的一套经验做法看，各国普遍重视将互联网金融纳入已有的法律框架内，并强调互联网平台必须严格遵守已有的各类法律法规。而目前的《中华人民共和国商业银行法》《中华人民共和国证券法》《中华人民共和国保险法》均无法单独对互联网金融形成约束，建议国家立法机关考虑修改上述法律，以及《中华人民共和国刑法》《中华人民共和国公司法》等法律中的部分条款与有关司法解释，依法严厉打击金融违法犯罪行为，为互联网金融创造宽松的法律环境。此外，在条件成熟的情况下，可适时研究制定针对互联网金融业务的新法规，以立法的形式进一步明确互联网金融中交易双方的权利和义务，为交易纠纷仲裁提供法律依据。

（二）强化互联网金融监管，防范互联网金融风险

要建立监管协调机制与分类监管机制相结合的监管框架，提高监管的针对性和有效性。一是建立互联网金融监督管理委员会。应考虑由央行牵头，银监会、证监会、保监会、财政部、国务院法制办、工信部等部门参与，联合组建国务院下属的全国互联网金融监督管理委员会，全面负责互联网金融行业的监管，制定互联网金融业务相关监管规定，确保监管的专业性和全面性，并且建立稳定的交流合作机制和信息共享机制，防止系统性金融风险的发生。二是充分发挥行业自律的引领作用。中国支付清算协会互联网金融专业委员会应在互联网金融发展过程中积极发挥引领作用，参与自律组织的 75 家机构要加强内控建设，不断提升防范风险和安全经营能力，在自律组织中明确自己的职责，以此促进行业的规范发展。三是建立分类监管机制。建议参考针对比特币的监管办法，对互联网金融涉及的其他业务采取不同的监管措施。如涉及民间借贷行为的，要求互联网企业对资金来源、资金运用、资金担保、风险处置等作明确规定；针对理财行为可按符合客户利益和风险承受能力的原则，制定《互联网理财条例》进行监管；针对 P2P 行业要尽快出台具体的监管细则，成立专门的部门或组织独立负责。四是强化属地监管。2014 年 3 月 13 日，央行下发紧急文件暂停支付宝、腾讯的虚拟信用卡产品，同时暂停的还有条码（二维码）支付等面对面支付服务。线下条码（二维码）支付突破了传统终端的业务模式，其风险控制水平直接关系到客户的信息安全与资金安全。虚拟信用卡突破了现有信用卡业务模式，在落实客户身份识别义务、保障客户信息安全等方面尚待进一步研究。基于此，中国人民银行支付结算司要求中国人民银行杭州中心支行支付结算处及时向支付宝公司提出监管意见，要求其立即暂停线下条码（二维码）支付、虚拟信用卡有关业务，采取有效措施确保业务暂停期间的平稳过渡。此外，还要求中国人民银行杭州中心支行支付结算处遵循监管原则，要求辖区内商业银行、支付机构在推出创新产品与服务、与境外机构合作开展跨境支付业务时，应至少提前 30 日履行业务报备义务。

（三）建立互联网金融风险防控机制，提高风险预警能力

一是严把准入环节。要求从事互联网金融业务的企业进行申报，明确规定申报条件和所需资料，获得监管部门批准后，方可正式营业。二是建立信息披露制度。要求互联网金融企业建立对资本充足率、流动性、交易系统的安全性、客户资料的保密与隐私权的保护、电子交易记录的准确性和完整性等信息资料进行独立评估报告的备案制度；要求互联网企业向客户提供每一笔交易的

信息，使客户可以方便地查询投资进度和拥有的资产状况；要求借贷双方要标明利率、期限等要素，对合同的订立、履行、终止以及债务追偿、司法介入作详细规定。三是建立风险评估系统。建立能够全面动态评价互联网金融风险、实现分类监管的风险评估系统。设定预警指标，建立风险评价模型，确定各指标的风险区间和临界值；从审计、管理、发展成果等方面综合测算互联网风险，并对风险划分等级，根据从高到低的风险程度进行监督管理。

（四）加快信用体系建设，提高消费者风险防范意识

国外互联网金融特别是互联网借贷的快速发展，与其较为健全的信用评级体系关系紧密。在当前我国信用体系较为依赖不良信息记录的情况下，互联网金融投资者可以依照不良信息的存在与否决定是否投资，但很难通过不良信息的多寡有无定量判断投资风险。因此，应建立多层次的信用评级体系，建立大数据分析系统，逐步推出信用评级机制。我国可将在 P2P 网贷平台业务开展中产生和采集、查询到的大量信息数据，经本人同意后提供给征信机构，在征信机构与 P2P 网贷平台之间建立起完整的信息共享数据库，对信息的提供和使用进行规范化管理。征信机构通过整合与管理相关的各类信息，建立起良好的信息管理系统和严格的安全管理制度体系。互联网金融企业可通过征信机构的数据全方位评估借款人信用情况，快速解决信息失灵问题。另外，要引导互联网金融消费者正确使用互联网平台，提高风险防范意识和维权意识，构建金融消费者权益保护的长效机制。

（五）加强消费者权益保护，促进互联网金融的良性竞争

互联网金融给金融消费者的权益保护带来的挑战，主要集中在身份认证和资金监管方面。应进一步明确数字签名的法律效力，增强网络账户的安全性，防范制式电子合同包含侵犯客户权益的不合理条款。对于大额客户资金应当通过银行等金融机构进行第三方托管，保证客户资金安全。对于资产和业务比重较大、具有较高重要性的互联网金融企业，应对其资金配置方向有所限制，控制其高风险资产的余额、比例和集中度。对于集中社会资金较多、资金来源较为广泛的互联网金融企业，监管部门应对其信息披露制定义务性规定，使其客户充分知晓企业资金运用的风险水平。互联网金融企业对于客户的身份、财产、投资偏好等重要信息应加强保密管理，对泄露客户信息造成严重后果的，应处以罚款并限制其经营公众业务。此外，要促进互联网金融的良性竞争。互联网金融具有行业门槛低、经营方式灵活且容易复制的特点，新的参与者和参与形式不断出现，竞争相对激烈。因此需对竞争手段进行规范，鼓励互联网金

融企业进行业务模式创新，并对创新的业务模式设立合理的保护期，防范同质化的过度竞争。同时，提高互联网金融从业者的金融知识素养和风险防范意识，积极建设发展多层次资本市场，丰富互联网金融企业的资产配置渠道，扩大互联网资本来源，为互联网金融企业的发展壮大提供有利的资本成长环境。

下篇　实践篇

互联网金融诞生于互联网经济、利率市场化、金融脱媒的时代背景，在互联网技术、互联网思维和客户需求的综合驱动下，互联网公司、通讯运营商、软件开发者、基础设施提供商、互联网金融新兴从业者纷纷涌入以传统金融机构为主体的金融业，加速了互联网金融在基础设施、平台、场景方面的融合与创新、竞争与合作，激发了金融业商业模式、经营理念、运行流程的变革，规范了互联网金融投资行为。本篇主要从实践为视角，通过典型案例对P2P网络信贷的投资行为、电商金融的投资行为、第三方支付理财产品进行系统分析与探讨。

第六章 P2P 网络信贷的投资行为

P2P 网络信贷是当前金融行业中最新的金融模式之一，其从产生到现在经历了飞速的发展和不断完善，其作为传统金融体系的有效补充，很好地满足了传统金融市场的发展需求，拥有良好的发展前景。本章重点论述 P2P 网络信贷的投资行为。

第一节 P2P 网络信贷平台的基本分析

一、P2P 网络信贷的概念及主体

P2P 网络信贷是英文"peer to peer"的简称。它是个人与个人之间借助互联网平台，实现小额借贷交易的互联网中介平台。P2P 网络信贷平台在线上借贷双方顺利完成相应的借贷交易的整个过程中，实际起到的作用相当于信息中介人，其形成是随着民间借贷的发展而产生的，是以发达的互联网信息技术为基础，兴起的一种创新金融借贷模式，从本质上来说，其本身实际就是一种信息中介平台。借款人将个人的信息和融资需求发布到平台网站上，贷款人根据借款人的信用状况、借款利率、个人情况等信息，对 P2P 网络信贷平台上的融资需求进行投标选择。P2P 网络信贷平台在整个交易过程中主要收取服务费来作为平台的收入。

在整个平台运营及资金借贷过程中，我们可以看出，P2P 网络信贷的参与主体一般分为资金借入方、资金借出方和网络信贷平台三方。资金借入方获得融资，资金借出方赚取利息收益，平台获取相应的服务费。这种基于互联网的创新金融借贷模式快速有效地满足了当前中小企业在融资方面的强烈需求，同时使社会上分散的闲置资金得到了有效的利用。P2P 网络信贷是建立在互联网上的技术平台，这一技术特点使其参与主体极具广泛性；融资借款通过审核便

可以获得贷款者的投标，投标完成，即可获得贷款，使其具有高效性；平台对贷款人的投资资金量要求低，借款人也不需要抵押物，使其融资、投资交易门槛低。在此基础之上，相比传统的金融模式，更是具备透明、便捷、高效的优点。但同时，与传统金融模式相比也表现出各种风险问题。

二、P2P 网络信贷的运作机理

（一）P2P 网络信贷运作模式

P2P 网络信贷交易需要以 P2P 网贷公司提供的网站为交易平台，而 P2P 网贷公司对交易模式拥有自主决策权，这就导致 P2P 网络信贷交易模式呈现出差异化发展。受到不同国际经济、政治和社会环境的影响，P2P 网络信贷的运营模式早已不单是最初的纯个人对个人信用借贷模式。

根据 P2P 网贷公司目前的发展状况、学者们的研究结果，以及网贷在我国的实际情况，本书把 P2P 网络信贷营运模式归纳为三种：一是纯中介的网络信贷模式。网贷平台仅仅起到牵线搭桥的中介作用，不提供决策建议。借贷双方通过平台获取交易信息，包括个人信息、借贷金额、利率、期限等，之后相互选择并自主决策。早期存在极少数不以盈利为目的的这类 P2P 网贷公司，目前多数 P2P 网贷公司都会收取一定比例的成交中介费；二是复合中介型网络信贷模式。它和第一种模式的区别在于 P2P 网贷公司会对借款人进行信用评级，以供交易者参考，而有些甚至帮助贷款人选择借款人。如此一来，网贷平台就对投融资双方的决策产生了不同程度的影响；三是线上和线下业务相结合的网络信贷模式，这类模式是我国现在网络信贷运营的主流模式。该模式和之前两种模式最大的区别是：网贷平台不单依托互联网群求借贷客户和促成借贷交易，而是同时采取对借贷客户的线下（实地）营销、审核、放款、实地考察等业务。

（二）P2P 网络信贷运作模式的特征

与传统金融机构小额信贷和民间借贷相比，P2P 网络信贷的特征主要体现在以下等方面：

首先，交易方式灵活性强。主要体现在投资门槛低、借贷金额灵活、利率可浮动范围大等方面。

其次，借贷双方组合具有多样性。在 P2P 网络信贷交易中，借贷双方的组合可以是一对多、一对一、多对一、多对多四种形式。传统的信贷模式中，银行、小额贷款公司等金融机构本身就是贷款人，即对任意借款人而言，债权人只有一个，即一个贷款人对多个借款人的形式。然而，P2P 网络信贷一个借款人筹集到的资金可以由多个贷款人给出。我国的网贷平台一般规定单笔最小投资金额为人民币 50 元，不限制上限。

再次，可借资金的来源具有无限性，资金的循环具有高效性。银行可贷出资金量要受到储蓄、存款准备金、政策等多方面影响；小额贷款公司的贷款资金受限于自有资本；一般的民间借贷是在一定的地域范围和社会圈子中进行，难以做到资金的高效循环利用，即民间小额借贷不能保证时刻都能找到借款方。P2P 网络借贷利用互联网的便利性和普及性，全国范围内的投资者都可以成为贷款人，通过网贷平台进行投资理财，可以说贷款资金的来源是无限的。同时，资金供给方能够不断地在 P2P 网贷公司上选择合适的借款人，拓宽了投资渠道，提高了投资资金的循环率。

最后，提供服务日渐专业化和多元化。多数的 P2P 网贷公司为了提高借贷交易成功率，在保持不参与放贷的中介角色的基础上，往往主动承担起风险管理的职责，主要包括贷款管理、违约赔付、（借款人）信用评级。我国的 P2P 网贷公司为了吸引投资者（贷款人），目前多数网贷平台承诺在借款人违约后三至七天之内，对贷款人全额本金赔付。

三、P2P 网络信贷平台的运营流程

P2P 网络信贷平台绕开一般的传统金融融资模式，为中小企业及个人提供了一个范围广泛、不受地域限制的网络融资方式。有闲置资金的贷款方通过 P2P 网络信贷平台信用贷款的方式，将资金贷给资金需求方，并获取相应的利率收入，信用良好的借款方，通过个人信用，无需抵押从平台获得所需贷款。P2P 网络信贷平台在整个流程中起到中介的作用，它对借款方的信用情况、经济水平、经营管理情况等做出信用评级，同时将信息提供给贷款方，然后贷款方根据平台提供的信息，决定是否借出资金，达成借贷协议。

P2P 网络信贷平台的业务流程通常分为以下几个步骤：

第一步，借款人在 P2P 网络信贷平台网站进行实名注册，并提供相关身份证明及详细的个人财务状况，发布个人借贷金额、资金用途、贷款利率和偿还期限等信息。

第二步，平台通过对借款人提供的相关信息实施初步考察、审核并根据审核情况对其个人信用给予一定的评级，审核通过后，将相关信息发布到平台网站上。

第三步，在 P2P 网络信贷平台网站注册的贷款人在平台网站上了解、筛选借款人信息，根据个人风险承受能力和预期的利息收益选择自己满意的借款

人进行投资。

第四步，贷款人实行全额投标或者部分投标直至借款人的融资额全部完成，然后借贷两方便可以在线上平台达成有效的借贷合同。

第五步，借款人按期、准时进行还款，贷款本金、利息等通过平台进行结算。

第六步，平台按照一定的标准从该借贷交易活动中收取一定数目的管理费和服务费。

第二节 P2P 网络信贷平台风险的理论分析

一、风险的内涵

（一）风险的概念

在金融市场中"风险"一词的使用极为广泛，通常将其定义成损失产生的随机性。它包括发生损失和损失的产生具有不确定性两方面因素。

经济学界对"风险"的定义主要是从其发生损失的可能性与不确定性、发生的主观性与客观性、预期与实际等相关角度给予解释。[①]

最早提出风险概念并对其进行分类的是美国的海恩斯，他将风险定义为损失产生的可能性，他主张只要具有产生损失的可能性，那么就必定伴有风险。[②]

威雷特将风险定义为对不期望发生的事情而实际发生的不确定性的客观表现。其定义有两个要点：第一，点明了风险的本质具有"不确定性"；第二，风险具有客观性，是不以人的意志为转移的。[③]

经济学家奈特则进一步将风险与不确定性加以区分，他认为经济行为的随机性可以用概率来表示，反映行为主体的主观性，就存在风险，但是行为主体对不一样的可能发生的事项不能具体地确定其发生的概率。[④]

---

① 沈悦.金融市场学［M］.北京：北京师范大学出版社，2012.
② 李冬辉.内部审计［M］.上海：上海财经大学出版社，2015.
③ 王小英.企业并购财务问题研究［M］.厦门：厦门大学出版社，2013.
④ ［美］奈特.风险、不确定性与利润［M］.北京：华夏出版社，2011.

　　威廉斯认为"风险是事件的主观期望得到的结果与实际产生的结果相比存在差异大小程度，结果相差越明显那么相对的风险就越大，相反则相应的风险则较小"。①

　　彭绍兵博士研究认为风险的不确定性具体表现为主观和客观两种性质。客观性是指风险的存在是在不以人的主观意识影响而存在的条件下产生。主观性则指的是人对客观事件发生未来所产生的结果预期具有主观色彩。同时，他认为风险并不是指两者之间存在的差异而是两者之间结果的偏离。②

　　从以上学者的研究中我们看出风险主要因素是不确定性，在金融市场中，管理者要对这种不确定性加以预测、控制和管理。在实际中，大量学者将数学和统计方法用于风险控制和风险管理决策当中。

（二）风险的特征

　　在此基础之上，风险的特征一般可以归纳为以下七点：

　　第一，风险具有客观性，其本身的发生具有自己的规律。

　　第二，风险的普遍性，风险的存在是客观的，并且到处都有风险的存在。

　　第三，风险具有偶然性，风险发生后所产生的结果往往具有偶然性，发生的时间、空间、产生损失的程度都具有偶然性。

　　第四，风险又具有必然性，从客观来看单个风险发生必定具有偶然性，但是大量风险的发生则具有规律性，也就是说后者具有必然性，所以在理论上一般能够用概率来对风险加以预测和衡量。

　　第五，风险具有复杂性，风险产生的原因、呈现的形式、造成的损失、产生的结果都是复杂的，难以加以确定和把握。

　　第六，风险具有相对性，各种不同的风险在同一时期或者同样的风险在不一样的时期，其发生所产生的影响是不一样的，其结果与发生风险主体应对风险的实际情况相关。

　　第七，风险具有可控性，风险的发生具有其内在规律，通过数学、统计等方法可以对风险加以估算，采取相应的措施加以应对，将本来完全不可控的风险转变为一定程度上的可控风险，从而将其产生的损失降低到一定的范围之内。

　　风险的这些特性，需要我们不断研究和把握，在实际的经济活动中做到识别、防范和控制风险。

---

① ［美］威廉斯 . 证券混沌操作法（原书第 2 版）［M］. 北京：机械工业出版社，2014.

② 彭韶兵 . 财务风险机理与控制分析［M］. 上海：立信会计出版社，2001.

二、P2P 网络信贷平台风险的理论基础

（一）信息不对称理论

在社会经济活动中，风险通常是指事件未来状况的不确定性。信贷风险是信贷市场活动中出现的，影响信贷市场发展的不确定性因素的组合，不确定性是风险产生的必要条件。根据申农的信息论，经济信息的作用是消除经济系统的不确定性，这种不确定性实质上就是信息不完全的状态。信息经济学认为，信息不对称造成了市场交易双方的利益失衡，影响社会的公平、公正的原则以及市场配置资源的效率。由于信贷交易的参与者拥有的信息不同，一些成员掌握了其他成员无法得到的优势信息，进而在交易中处于有利地位，称之为信息不对称，它是信贷活动中普遍存在的一种现象，是信贷风险产生的根本原因。

P2P 网络信贷的经济基础是债权债务关系，信息不对称是信贷交易中普遍存在的现象。P2P 网络信贷的交易通过互联网进行，信息不对称现象比商业银行的个人信贷更为突出。贷款人往往难以准确辨别网上公布的各类信息，容易做出非理性的贷款决策，加大了信用风险发生的可能性。

（二）个人信贷风险评估理论

1. 信贷风险理论

从经济学和金融学的角度看，信用（credit）指的是一种以偿还为条件的借贷行为或借贷关系。从经济学的角度看，信贷与信用的含义相似。我国学者在进行学术研究时，并没有严格的区分金融活动中的信用和信贷的概念，一般把信贷定义为"借款人和贷款人之间发生的借贷行为，这种借贷行为以货币为交换物，可以是直接的或通过银行等中介机构间接地进行"。因此信贷行为产生的动力基础就是利益关系。信贷行为形成的市场被称为信贷市场，相应的机构称为信贷机构。信贷风险是信贷市场活动中出现的，影响信贷市场发展的不确定性因素的组合。信贷行为包含了一系列复杂的借贷关系，其中任何一个环节都可能出现信贷风险问题。

学术界对信贷风险尚无统一的定义，一般分为狭义和广义两种类型。狭义的信贷风险是指借贷行为中由于债务人未能如期偿还债务而造成损失的可能性，这种观点偏重于信贷风险所造成的经济损失，忽略了风险的双重特性，即风险的不确定性包括损失和收益两个方面。广义的信贷风险是指由于债务人的偿债能力、偿债意愿、信贷状况的变动，导致债权人未来收益或损失的不确定性。

信贷风险具有客观性、多因性、可控性三个基本特征。首先，信贷风险是信贷活动中客观存在的，人们只能转移、减少、规避信贷风险，而不能消灭信贷风险。其次，信贷活动涉及的人员、物质、社会关系复杂多样，整个过程中的不确定性较大，影响信贷风险的因素和形成原因在不同的信贷交易主体、不同时期、不同社会环境下存在较大差异。再次，人们可以对信贷风险进行识别、计量、监测和控制，选择有效的手段，对信贷风险进行管理，做到防范和控制信贷风险。

2. 个人信贷风险评估理论

从广义上理解，信贷风险评估指的是对风险的识别、估计和量度，由专业的机构或专家按照一定的科学方法和规范程序对信贷业务的风险进行分析调查，并利用风险计量方法和模型，对信贷风险进行判断和评价。COSO 委员会在 2003 年提出了全面风险管理框架，把风险评估划分为风险管理的一个方面，目的是识别和计量风险，而不包括后续的风险处理过程。① 从狭义上理解，风险评估指的是信用风险管理过程中常用的信贷风险评估手段，包括评级和项目风险评价两方面。

对贷款项目的风险一般适用于投资额较大的建设项目，与客户评级有较大的区别。由于个人信贷的额度相对项目贷款来说要小得多，因此传统金融机构对个人信贷风险的评估就集中于对债务人的风险评级。对债务人的风险评级就是对借款人进行资信评估，得到个人信用得分，划分信用等级，以此为信贷风险大小的判断依据。然而，由于 P2P 网络信贷与传统个人信贷的特征有所不同，因此不仅要依靠对借款人信用评分的方法评估信贷风险，还要结合贷款人和 P2P 网贷公司对信贷风险的影响进行综合评估。

P2P 网络信贷相对于其他信贷模式，其借贷具有较大的分散性，贷款规模小，贷款笔数多，风险管理的成本和难度远高于其他信贷方式。因此，加强 P2P 网络信贷风险管理，建立健全 P2P 网络信贷风险管理机制及评分标准，对贷款进行风险评估和量化研究是保障信贷质量和促进行业健康持续发展的必要手段。P2P 网络信贷风险评估在整个风险管理中起到了重要的作用，主要表现在以下三个方面：

第一，降低了信贷交易者之间的信息不对称。

由于信贷交易的参与者拥有的信息不同，一些成员掌握了其他成员无法得到的优势信息，进而在交易中处于有利地位，称之为信息不对称，它是信贷活

---

① 赵战生，谢宗晓．信息安全风险评估：概念、方法和实践［M］．北京：中国标准出版社，2007.

动中普遍存在的一种现象。P2P 网络信贷的互联网特性，使得信息不对称问题更为突出。信息不对称风险最常见的表现是逆向选择和道德风险。对信贷业务进行风险评估，评估人员能够在贷前更为全面地了解个人情况，通过不同的调查手段和评估方法，对偿债能力和偿债意愿做出内容更具体、时效性更强的判断和评价。以此提高贷前调查的全面性和客观性，降低信息不对称现象带来的负面影响。

第二，确定借款者授信额度、信贷定价、信贷审批的基础。

P2P 网贷公司将根据各项资料信息进行评估，划分不同信用等级的，授予相应的信贷额度，并且在信贷审批流程上区别处置。网络信贷的贷款定价是由借款者自己设定的。但是，投资者会根据借款者风险评估的结果，按照借款者信用等级和个人资料的不同，对一笔借款的底价进行评判，做出投资决策。

第三，提高了贷后管理的针对性。

通过风险评估结果对不同和信贷业务进行判断，划分风险等级和信贷资产质量等级，提高了贷后管理的针对性和工作效率。例如，对信用等级较低的，网贷平台会提高风险监测的频率，及时掌握风险情况的变化，以降低风险带来损失的可能性。

三、P2P 网络信贷平台风险的概念及形成的原因

（一）P2P 网络信贷平台风险的概念

P2P 网络信贷平台风险，指的是平台在实际运营过程中因各种可能的综合性风险而导致平台运营困难甚至倒闭，从而对借款人资金造成损失的风险，这种综合性风险主要来自借款人的信用违约风险，行业竞争及资金杠杆风险，平台运营操作风险与资金流动性风险以及来自法律、法规滞后的监管缺失风险。

（二）P2P 网络信贷平台风险形成的原因

P2P 网络信贷平台在进入我国后便得到迅速发展，行业整体规模不断壮大，平台总量也呈现井喷式快速增加。但与此同时，行业的整体风险也伴随着良莠不齐的各种平台的出现而越来越大，平台倒闭和"跑路"的情况也不断发生。从目前行业整体的情况来看，导致这种情况发生的原因可以归纳为以下几方面：

第一，行业法律法规不健全，行之有效的监督和管理不足。目前，我国对P2P 网络信贷还没有明确的定义，行业准入没有相关的标准，各项主要法律法规均未出台。投资人通过平台进行投资的资金在很大程度上缺乏相关法律法规

的有效保护。同时，行业信息不透明，存在巨大的违规、违法风险。

第二，征信体系不完善。P2P 网络信贷行业的发展除了需要相关法律法规的有效保障之外，全面、完善、成熟的征信体系是其健康长远发展的坚实基础，完善的征信体系能够在很大程度上降低借款者的违约风险，从而降低平台的担保风险，目前我国征信体系不够完善，大多数平台在很大程度上依靠第三方担保公司来分担和应对由于借款人违约产生的风险。而这种应对该行业风险的措施并不符合互联网金融脱媒的特点和行业稳定、长远发展的要求。不完善的征信体系最终很可能引发生大面积的违约风险，第三方担保机构提供的风险保障有限。

第三，行业大多数平台本身现有的交易机制存在大量风险。目前，由于相关法律的不完善，也没有统一有效的行业标准，行业的准入门槛非常低，很多平台的建立并非领域内的专业人士，平台的管理更是缺乏专业的团队，业务流程、交易机制等都存在很大的缺陷和漏洞，加之缺乏相关机构的监督和管理，风险问题爆发的可能性就更大。

第四，平台风险管理薄弱，缺乏内控机制。对运营货币的企业来说，风险管理显得尤为重要。而我国 P2P 网络信贷行业目前的风险管理技术相对落后，风险控制方法简单，大部分平台只使用了征信、第三方担保等很简单的风控方法。在对平台主体风险评估方面更是没有建立合理、有效的风险评估体系。同时，公司内部大都没有建立有效的内控机制，缺乏科学、有效、系统的风险防范和控制体系。整个行业的风险机制、赔偿机制简单、单一，一旦发生大面积的风险，对整个行业都带来巨大的冲击和损失。

第五，信息技术落后，信息安全缺乏保障，对于创新的互联网金融来说，网络信息安全技术尤为重要。目前，我国 P2P 网络信贷行业的很多平台都是由第三方网络公司等负责建立运行的，缺乏有力的核心安全技术，充满网络安全隐患。

另外，借贷活动的资金均是通过互联网在平台账户中实现存入与转出，经常发生资金沉淀问题。在缺乏监管的情况下，这些资金的安全性比较低，当平台自身存在倒闭风险时，很容易发生卷款跑路事件。

四、P2P 网络信贷平台风险的分类及特征

通过对我国 P2P 网络信贷行业目前存在的各种风险进行分析和归类，主要可以归纳为信用风险、操作风险、市场风险、流动性风险和法律政策风险。

（一）信用风险

广义的信用风险一般是说借款人因为主观或者某些客观因素导致其没有能力或者不愿意继续履约的情况，从而导致出借方资金蒙受损失的风险，或者是因为借款人本身信用降低而导致信用评级下降，违约可能性增加，从而使相应的债券等衍生工具价值下降，给持有者带来的风险。狭义的信用风险一般是指信贷风险，指借款人无法按照约定，按时全额偿还贷款，给出借方造成损失的风险。

对于 P2P 网络信贷而言，从平台的角度出发，信用风险通常指的是狭义的信贷风险，即借款方因为主观或者客观原因不能够按时、全额偿还贷款，履行合约，导致 P2P 网络信贷平台和出借人以及相关的担保公司等遭受损失。作为纯中介的 P2P 网络信贷平台，违约风险主要来自借款人，但是我国的平台运营模式众多，并非都是单一的第三方信息中介模式，而是具有平台担保的中国特色，借款人的信用风险被平台分担，或者由担保公司承担，出借人的投资风险就转换为网络信贷平台的经营风险、管理风险等。所以，P2P 网络信贷平台在运营过程中的风险识别、控制和管理方面的能力如何就显得尤为重要。而平台自身对借款人信用进行审核评级体系的不完善，以及落后的信用评级技术、资金管理和周转不规范等等因素都在一定程度上加剧了平台的信用风险。

信用风险概括起来具有以下几个特点：

第一，客观性。信用风险是客观存在的，只要信贷市场具有信息不对称和不确定的因素，那么就一定存在信用风险。

第二，不确定性。信用风险是由于借款方主观或者客观的原因导致的不能按时、全额履行合约还款而引起的。这种风险是客观的，但是导致的结果是不确定的，借出方资金可能会遭受违约所产生的损失，结果与预期之间具有偏差。

第三，可控性。虽然信用风险具有不确定性，但是它在一定程度上是可控的，其发生表现出一定的内在规律。通过识别、分析信用风险产生的内在规律，能够对其进行一定的预测，从而实现规避和降低风险的目的。

第四，外部性。信用风险的发生，不仅对信贷平台的经营发展造成影响和损失，同时使得借出方、担保方的资金产生损失。

第五，非系统性。借款人的还款能力在很大程度上由其本人的实际财务情况、资金运用情况、贷款偿还意愿、个人的投资风险偏好等各种因素决定。

第六，预测难度大。信用风险的预测需要充足有效的数据量来进行分析，并通过科学、合理的算法对其进行量化，这使得对其准确预测的难度非常大。

不仅各种相关的客观数据难以获得，同时由于信息不对称，难以直接识别信用风险的变动，而且风险具有分散效应，组合风险的衡量难度更大。网络信贷平台通常通过分散投资来降低风险，这就使得风险的衡量更加困难。

第七，厚尾现象。P2P 网络信贷主要是信用贷款，无抵押，当违约风险实际发生时，产生的损失比贷款正常收回获取的利息大得多，这就导致通常假设的会表现为正态分布的市场风险概率在图表上的分布会向左边倾斜，表现为厚尾特征。

第八，信用悖论。信用风险管理与市场风险相比具有信用悖论现象。P2P 网络信贷平台为了有效地降低风险，在实际营运过程中应该将投资尽可能地分散化、多样化，从而达到分散风险的目的。但是实际情况则是，介于营运管理、成本控制、计算等问题，以及信贷业务的规模效应使得平台自身的风险在很大程度上难以实现分散。

（二）市场风险

P2P 网络信贷自从 2001 年进入飞速扩张、成长阶段以来，整个行业的市场风险情况便越来越复杂，具体体现在以下方面：

第一，同业竞争风险。P2P 网络信贷作为新兴的金融创新模式，发展异常迅速，但同样与其他行业相比同业竞争也异常激烈，加上行业进入门槛低，各方资本尽相争夺，2015 年更是进入了行业的分化整合期，平台规模小、流动资金少、人气低、经营业绩不稳定以及风险控制能力低的劣质平台都将逐步被市场淘汰。

第二，高杠杆导致的违约率和坏账率不断提高。我国 P2P 网络信贷已经进入行业分化整合期，行业收益率不断下降、高杠杆导致的违约率和坏账率则在一定程度上不断提升。同时利率的波动也使得以货币为产品平台面临更大的压力。当货币政策紧缩，利率上升，使得本来就难以从银行获得贷款的中小企业和个人更多的选择网络信贷，P2P 网络信贷业务反而会呈现逆周期增长的特性。但是违约率的升高，会导致平台不良贷款的增加，甚至引发平台资金的流动性风险，进而导致平台破产倒闭。

此外，在国家"互联网+"大的政策背景下，各种金融创新模式不断出现，传统金融机构也逐步进入该领域，顺势推出高收益金融理财产品，对现有平台的冲击将越来越大，各方面的竞争也越来越激烈。

（三）操作风险

操作风险主要指的是由于不恰当或者失败的程序、人员与系统或外部事件导致的直接或间接损失可能性的风险。同时指出操作风险不包括政策性风险和企业声誉风险。

操作风险主要包括：信息系统风险、业务流程风险、欺诈交易风险、模型风险等。从广义上操作风险一般分为操作性失误风险和操作性杠杆风险。操作性失误风险一般是来自金融机构本身的各种内部原因而导致，这种风险一般发生于金融信息系统、业务操作流程等需要人员进行操作的事项上。操作性杠杆风险是由于市场冲击、政策调整、行业竞争等各种外部原因而产生的操作风险。比如，从实际来看，前者所占的比例较大，并呈现逐步增加的趋势。对其可以再具体划分执行、故障及系统事件三种风险。导致操作风险产生的原因与造成的损失之间的数量关系并不明确，也难以加以解释和衡量。但对于成交量和业务规模很大的 P2P 网络信贷来说，由于操作风险造成的损失会非常大。同时由于相关关系的不明确性，导致风险的识别、监管、控制难度加大。同时操作风险基本覆盖了 P2P 网络信贷的各个方面，特别是在 P2P 网络信贷的资产管理、理财产品销售、信托业务和服务型收费业务中都占有很大的比重。信贷诈骗、新债还旧债、网络信息技术安全等都是操作风险的表现。

（四）流动性风险

流动性风险指的是商业银行不能够为资产的增加或者负债的减少提供融资而导致的损失或者破产的风险。它一般是由于资产和负债两者相比具有差额或者相互之间的期限不匹配而造成。狭义的流动性风险是指银行缺乏足够的资金来满足客户提款需求所产生的支付风险。流动性风险按照产生的原因能够进一步细分为融资性流动性风险和市场性流动性风险。前者指的是银行在能够真正完全履行自己承担的支付义务，而去获取相应资金过程中产生的，会对日常营运或者自身基本财务状况造成不利影响的风险。后者指的是银行在出售某项资产时，因为市场失序的原因造成该项资产的市值下降而产生损失的风险。如果按照风险发生的程度分类，流动性风险又能够进一步细化为基础性和正常性两种流动性风险。基础流动性风险指的是在某一时刻，由于银行现有存款大量流失，导致的银行储备现金不足，甚至出现大量挤兑现象的风险。正常流动性风险则指"借短贷长"所产生的资金期限缺口，这种风险属于经营过程中出现的具有可控性、正常性的风险。

流动性风险形成的原因可以归结为以下几个方面：

第一，由于"短存长贷"而导致的资产负债期限结构错误配置，这种方式通过将大量的短期存款用于中长期投资，而使得资产期限结构匹配不当，从而导致银行自身的资产负债结构不稳定，在一定程度上就会引发流动性风险。

第二，相关风险的转换。信贷企业实际营运中的各种风险是复杂并且高度相关的。如果这些风险在一定期限内不能够合理有效地控制，其结果往往是以流动性风险的形式整体呈现出来。

第三，市场利率上下浮动导致资金流动性流失。利率变动对市场上的实际贷款需求、融资成本、资金的存取等都有较大的影响，这些都会波及信贷公司自身资产负债结构的稳定性，从而引发流动性风险。

第四，主观或者客观原因引发储户对自有存款的大量提现。比如投资偏好的改变、集体性的大量消费需求的增加等。

第五，挤兑，即储户在某一时段大量、集中的提现。这种原因导致的流动性风险产生的后果往往比较严重，同时会产生"羊群效应"，不仅对单个的企业信用、资金都带来损失，甚至对整个行业都带来冲击。

对于 P2P 网络信贷而言，由于资金不如传统金融机构雄厚，而且在资金管理、期限错配等方面缺乏技术和经验，因此面临的流动性风险比传统金融机构更为突出。同时，网络信贷整个行业的交易量和交易规模都在爆发式增长，由于信贷期限错配会导致相当规模的资金沉淀，在缺乏合理有效的监督和管理的情况下，都将引发重大的资金风险。而对于债权转让模式下的网络信贷，流动性风险往往会导致资金链断裂，进而引发挤兑风潮，导致企业破产。

具体而言，P2P 网络信贷在引入担保机构规避部分信贷风险的同时增加了相应的交易成本，使得行业市场利率基本趋同于民间借贷，大量投资者资金的涌入，形成的资金池无形中增加了平台的系统性风险。而平台的流动资金多是通过第三方支付或者个人账户进行划转，容易形成大量的滞留资金。同时还存在着信贷资金被用于其他高风险投资项目以及洗钱、套现等非法活动的风险。

P2P 网络信贷平台中的流动性风险涉及行业自身的全部参与主体。表现为以下几个方面：

第一，借款人和平台双方的信息不对称，容易引发信用风险，从而导致违约，引发流动性风险。

第二，平台为了吸引投资者，设定较高的融资利率，同时利用信息不透明的机制，对资金进行不规范操作，很可能导致不正常的期限错配，资金流向复杂、不明，最终导致流动性风险。

第三，平台违规拆标、以新还旧、短贷长用等引发流动性风险。总体而言，资金的流动性风险相比传统金融机构，对 P2P 网络信贷的影响更大、更为突出，往往具有致命性。只有保持良好的流动性，P2P 网络信贷才能够保证良好、稳定的发展，才能够保证业务经营持续不断地发展。

（五）法律政策风险

1. 法律方面的风险

目前，我国 P2P 网络信贷行业所面临的法律政策风险从总的方面来看，主要是平台方还处于"三无"状态，即：没有自己的行业法规、没有一定的行业准入标准、没有明确负责监督和管理的主体。对于 P2P 网络信贷平台而言，目前涉及的相关法律法规主要是《贷款通则》和《中华人民共和国合同法》及相关的司法解释。

在缺乏与之对应的专业现行法规的情况下，主要分为两大类法律风险。

第一类是 P2P 网络信贷的相关业务违反相关法律法规，在信贷交易过程中违反双方的合同、规定等。由于信息不对称，平台资金管理不透明，使得该类风险加大，当该类风险发生时，仲裁起来难以处理。

第二类是整个互联网金融行业的法律法规比较滞后，现有的相关方面的法律法规均是为传统金融行业而颁布的，并不能适用于新兴的互联网金融行业。在个人信息、隐私的保护、网上签约合同的有效性、P2P 网络信贷平台的责任和义务以及第三方担保等方面都需要相关法律法规跟进。

2. 政策方面的风险

政策方面的风险主要体现在国家对 P2P 网络信贷的主体地位和营运范围并未做出明确规定。P2P 网络信贷公司本质上应该属于信息中介公司，但是由于我国的特色环境，导致现有的平台均具备商业银行的业务性质，但是平台所吸纳的资金却不在相关监管单位的监控范围之内，资金的流入、流出、管理均不透明。同时，P2P 网络信贷平台虽然大多都与担保公司合作，但行业利率高，导致相关风险高，容易产生高利贷、非法集资和"跑路"的问题，投资者的资金安全得不到有效的保障。P2P 网络信贷平台在缺乏有效监督与管理的情况下，对借贷资金形成的资金池可以很容易地进行非法挪用或者占有。而国家针对互联网金融的宏观经济政策也在一定程度上弱化了这一行业的法律、法规意识。P2P 网络信贷平台作为一种资金管理虚拟平台，随着其发展规模的不断扩大，势必将对传统金融行业造成巨大的冲击，而相关的法律、法规、政策则应该实时、有效地跟进和配套，这样才能促进行业的健康、持续发展。

五、P2P 网络信贷平台风险评估的指标体系

风险评估在企业风险管理中具有不可替代的作用，它采用科学、合理的模型与算法对风险进行识别、计量和评估。从狭义的角度来说，风险评估一般能够细分为客户风险评级与项目风险评级两种。客户风险评级定义为经由统一化评级标准，来对客户自身的信用状况、还款能力、偿债意愿等做出综合的信用等级评估。项目风险评级是指对融资项目的风险水平做出相应的合理评估，以此为决策参考标准来帮助投资者对投资项目进行合理的投资判断。P2P 网络信贷平台风险评级是指，通过采用科学、合理的评估指标来对平台的整体运营、资金管理、业务风险进行识别、计量和评估，为借款人与贷款人对良莠不齐的信贷平台进行筛选提供参考，从而降低资金风险。

随着行业内风险问题的不断出现，P2P 网络信贷平台开始逐步强化自身的风险管理和风险控制。引入、借鉴国外的借款人信用评级方法、资金分散管理方法、合理管理和控制平台的资金流动性，采取合理的杠杆倍数，同时随着行业的不断完善和发展，行业的利率也逐步稳定在合理的波动范围内。

P2P 网络信贷平台风险评估指标体系的建立与平台风险种类之间既存在联系，又有一定的区别，两者之间并非一一对应的关系。P2P 网络信贷平台风险评估指标是针对平台的各类风险按照一定的实用标准选取的。其风险评估指标的选取立足于实际的应用条件，具有实用性和灵活性，数据的获取相对容易且真实可靠，便于评估方法的应用。实际得到的评估结果具有指导 P2P 网络信贷主体决策的经济意义。在此基础上，对于评估指标的选取，我们根据平台风险的分类情况结合传统商业银行风险评估的指标体系，舍弃了作为 P2P 网络信贷主体无法进行控制或者合理量化的各类风险指标，比如行业竞争风险、部分操作风险以及法律、法规风险等，分别选择从资金分散度、信用风险、流动性风险和资金杠杆四个方面为主来对 P2P 网络信贷平台风险进行评估。

第一，资金分散度指标。在风险投资中，如果将同一笔资金进行分散投资，能够明显地降低由投资本身带来的风险。在 P2P 网络信贷平台的投资活动中，平台指导或者强制将投资人的同一笔资金分散借给多位不同的借款人，能够降低每个投资人平均借出资金，使得借出资金不会过度集中在少数借款人手中，从而提高资金的分散程度，降低平台资金营运风险。常用的资金分散度指标有：借款人人均借款金额、投资人人均投资金额、前十大借款人借款金融占比（借款集中度）等。

第二，资金流动性指标。资金流动性用来衡量平台的变现能力，主要是平台应对突发的集中挤兑风险，平台的资金流动性越强，应对变现的能力则越强。常用的指标有：平均借款期限、期限错配、可转让性等。

第三，信用风险指标。这里的信用风险指标是指针对平台自身信用风险而言，平台的信用越好，投资人和借款人对平台的信任度越高，平台的人气越高，平台的声誉越好。常用的指标有：平台的注册资本、平台运营的时间、平台每月的成交量、平台投资人数（人气）、累计待还金额等。

第四，资金杠杆指标。资金杠杆指标一般用于衡量平台的资金保障能力，体现平台的运营模式和运营风险。常用的指标有：杠杆倍数、平均利率、时间加权成交量等。

第三节　P2P 网络信贷平台风险规避策略选择

一、加强个人征信网站审核制度建设

目前我国的 P2P 网络信贷平台的个人征信审核制度尚不够完善，网络信贷平台的个人征信审核制度往往是以商业银行对借款人的征信审核制度为参考来制定的，一般缺少自身的特色，不能够紧密结合 P2P 网络信贷平台的特点。P2P 网贷平台在建立个人征信审核制度时可以从以下三个方面出发：

第一，加强信息共享。P2P 网贷平台是以互联网为交易平台，在进行信息共享时有优势，但是目前网贷平台之间以及网贷平台与其他相关部门（比如银行、公安部门）之间的信息共享并没有实现。P2P 网络信贷平台之间在借款人信息方面实现信息共享可以对借款人的信用状况进行更加有效的评估。因为借款人在其他网贷平台上的征信情况和目前在其他网贷平台上的借款规模，都是网贷平台评估借款人信用状况的重要依据。如果网络信贷平台能够在银行和公安部门得到借款人的相关信息，那么网络信贷平台就可以根据借款人在银行的信用记录和在公安部门的备案来判断借款人的信用状况。

第二，允许网贷平台将逾期贷款的信息上传到信用管理系统中。网贷平台将逾期贷款的借款人的相关信息上传到信用管理系统中，可以丰富信用管理系统，为自身储备信息，同时为其他网贷平台提供信用评价的参考。

第三，建立举报机制。网贷平台可以建立举报机制，鼓励人们对借款人的不良信用情况进行举报，网贷平台核实举报情况后重新对借款人的信用状况进行评估。当核实之后，再对借款人的信用状况进行重新评估。

综上，加强网络信贷平台与同行之间和其他部门的信息共享可以以比较低的成本获得大量的信息。上传借款人不良还款记录，可以为整个 P2P 网络信贷的发展保驾护航。对举报借款人的人进行奖励，可以使网贷平台拥有更多的信息来评价借款人的信用状况。

二、完善 P2P 网络信贷平台监管

（一）确立监管主体，完善监管体系

我国 P2P 网络信贷监管的主体趋势是采取多部门共同合作来实行监督和管理的方式。其主要原因是 P2P 网络信贷平台经营模式多样性，业务跨区域涉及线上、线下，各种模式风险复杂，涉及多个监管部门。进一步明确监管主体，防止监管缺失或者重复监管，建立多元化、体系化监管，不断完善监管体系，做到分工、职责明确。各个监管部门之间应该加强信息沟通和协调，做到有效、统一的监管，做到中央监管机构与地方监管机构的信息协调与沟通。

2015 年 12 月 28 日，根据《关于促进互联网金融健康发展的指导意见》的总体要求和基本原则，我国银监会联合工业和信息化部、国家互联网信息办公室以及公安部等部门共同研究起草了《网络借贷信息中介机构业务活动管理暂行办法》（征求意见稿），初步明确了我国 P2P 网络信贷的监管主体和监管体制机制以及各相关监管主体的责任，要求各监管部门依法监管、加强信息沟通，通力协作，进一步增强监督管理效力。提出了"依法监管、适度监管、分类监管、协同监管、创新监管"的原则。并对中央以及地方的各个金融监管机构各自的职责和分工做出了相关规定。在监管分工上，作为中央金融监管部门的银监会负责对 P2P 网络信贷行业进行制度监管，负责制定行业统一的业务规则和行业监管规则。同时负责指导和监督地方监管部门的监管工作，明确了相关的多监管部门的监管职责及法律责任。明确了地方金融监管部门的具体监管职能等。

（二）设立行业准入制度

我国 P2P 网络信贷行业比较混乱，很大程度上是由于行业平台没有相应的法律定位，其性质不够明确。作为新兴互联网金融，P2P 网络信贷从本质上应该限定在功能明确的"信息中介"上，实际上很多平台的业务已并非提供纯中介服务，而是很大程度上都参与到了借贷业务中。而在市场准入标准上，却没有相关的规定和制约，在很大程度上扩大了行业风险。应该从法律上对 P2P 网络信贷平台的本质进行明确的规定，从行业准入方面进行严格的审查、监督和管理，对经营资格进行审查，对其经营业务进行限制，规定其相应的权利。最新颁布的《网络借贷信息中介机构业务活动管理暂行办法》（征求意见稿）对网络信贷的内涵做了法律界定，在一定程度上规定了其适用范围，重申了 P2P 网络信贷信息中介的性质，需要在金融监管部门进行备案。但在行

业准入标准方面仍然未有相关的规定。存在"自融"风险，在准入门槛方面，应该提高行业进入成本，对 P2P 网络信贷平台的注册资本、股东出资比例等进行限制，提高准入条件。对平台出资人的个人信用状况和资产财务状况等做出相关的明确要求。

（三）建立资金托管制度

P2P 网络信贷行业资金池风险、庞氏骗局、非法集资以及各类道德风险等，在很大程度上是由于用于交易转账的中间资金账户缺乏有效的监督和管理，其使用权限基本属于平台自身。资金池的存在会增加投资人的资金风险，也容易引发平台的道德风险和非法集资问题。为此，应该引入合理、有效的第三方托管机制，限制平台方对借贷资金的使用权限，将平台自有资金与借贷的专项资金进行有效分离，使得监管机构能够对平台的交易资金进行有效监管。这就需要平台方在第三方托管机构设立专门的交易账户，而平台方只能作为信息中介提供相应的服务，不应该对客户的资金具有使用权，从而避免资金池的形成，也能够有效地防范平台资金错配而导致的资金流动性风险。作为第三方的托管机构应该由传统银行业的金融机构担任。设立网络信贷行业清算分离制度，制定详细的规定来对交易资金清算和平台服务费资金结算等资金结算业务进行约束与分离。从根本上保证平台方不能够接触到客户资金，从而保障交易资金的安全性和 P2P 网络信贷平台信息中介的本质。

三、完善风险评估管理机制

（一）制定有效的赔付机制

当出现逾期不还的贷款时，网贷平台应制定相关的赔付机制来弥补贷款人的损失。拍拍贷平台目前采用的是有条件的本金保障制度。当出借人满足了规定的条件，则当出借人资金不能按时收回时，拍拍贷平台负责将资金还给出借人。制定有效的赔付机制可以有效地减少出借人的经济损失，同时维护了 P2P 网络信贷平台的信誉，可以使更多的人放心地选择 P2P 网络信贷平台。每一年拍拍贷都会更新客户本金保障规则。

（二）赔付机制的评估

可以从原始债权人的角度来评估赔付机制对网络信贷风险的影响。在 P2P 网络借贷中原债权人指的是贷款中的资金出借人，而当出现坏账时，网络信贷平台赔付出借人损失的资金，这时 P2P 网络信贷平台变为了新的债权人。

　　原始债权人即资金出借人在投资之前要对 P2P 网络信贷公司的资金实力、运作机制和公司信誉认真地分析。另外，原始债权人要明确网络信贷平台赔付机制的规则，确保借出的资金出现不能按期收回时，可以得到网络信贷平台的赔付。

　　新债权人即设立赔付机制的 P2P 网络信贷平台在设立赔付机制时要充分考虑本公司能够承受的坏账赔付规模。另外，要理性分析自身风险控制能力。在制定赔付机制时要结合自身情况，绝对不可以为了吸引客户而制定不合理的赔付机制。如果制定的赔付机制超过了自身能力可以接受的范围，不但不会增加公司收益，反而会因为不能够实现对客户的承诺而失去信誉，最终导致网贷平台倒闭。

　　虽然我国 P2P 网络信贷行业发展十分迅速，但是网络信贷作为新生事物在我国的发展尚不成熟，行业内还没有形成统一的赔付机制。对于拍拍贷等网络信贷平台要对事前、事中以及事后的风险加强控制，并且前提是不能增加网贷平台运作经营的成本，网络信息的透明性可以被利用。具体到拍拍贷事前以及事后的风险控制方面，可具体针对拍拍贷网络信贷平台本身特点，联合多个 P2P 网络信贷平台共同建设一个"P2P 网络信贷征信体系"。在这个系统中登记网络信贷借款人的还款记录和一些用户对他的评价。建立了网络信贷征信系统后，网贷平台可以在征信系统中查询到借款人的信用记录，从而更准确地对借款人的信用等级评估，降低了借款人的信用风险。

　　基于当前完善的信贷信用机制的缺乏，网络平台由于其自身的特殊性，为一些不怀好意的欺诈者创造了一种极大的造假可能，信息的有效甄别难度也随之增加，这时信贷风险评估管理机制的完善就显得尤为重要。可以与专业化的一些征信机构进行有效的合作，并且制定统一的信贷信用等级评定办法，统一评估借款人的信用等级。另外，为了解决信息不对称问题，有必要建立联合信用资料库，实现信息资源共享来降低借贷风险。奖惩分明，建立完善的奖惩制度也是很有必要，对于信用好的借款人给予奖励，而对违约的借款人给予罚款和违约信息公示等惩罚。当大众认可网络信用后，网络信用系统发展足够成熟后，可以将网络信用系统并入人民银行所构建的征信系统内，使其更好地发挥作用。

四、对坏账有效控制

　　目前，我国 P2P 网络信贷发展尚不成熟，像拍拍贷这种经营比较好的公司每年的坏账数目仍然很多，这大大阻碍了网络信贷的安全发展。拍拍贷在控制坏账方面采取的措施主要包括三个方面：第一，构建黑名单。对有逾期还款记录的借款人拉入黑名单。第二，与第三方信息平台合作，其中包括利用公安部门查询借款人身份信息。第三，建立逾期催收机制。拍拍贷在 2011 年 12 月创建了"拍拍贷逾期催收群组"，催收群组管理规则被一一列明，借出者催收的一定奖励机制也随之制定，让借出者通过"我的黑名单——提供催收线索"的方式提交相关信息，借入者款项催收也参与到环节中。在追讨欠款的方式中，拍拍贷网贷公司在其网站平台上设有一个以 blacklist 为后缀的页面，这个页面专门曝光那些没有按期归还欠款的借款人的名单，其真实姓名、电话号码、电子邮件以及相片也会被公布。网贷平台在平台自建的信用规定以及社会信用机制下，借贷双方之间的信用关系也被搭建，平台的信用机制也因此初步得到建成，坏账风险也在一定程度上得到有效的控制。

五、加强风险管理和行业自律

风险管理是 P2P 网络信贷平台运营的重中之重，而作为新兴产业，行业本身的自律对其未来的稳定发展同样重要。确立行业标准、建立风险控制体系、建立信息披露机制和规范都对 P2P 网络信贷的发展具有重要的影响。

（一）加强平台自身风险控制体系的构建

P2P 网络信贷平台应该从多个方面构建风险控制体系，包括平台的运营风险控制体系和公司内部风险控制体系。在平台运营方面，应该严格审查借款人的个人信息，这些信息应该包括借款人的基本信息：年龄、性别、婚姻状况、教育程度、职务、工作年限等；财务信息：借款人的工资、存款、银行账单、还款能力等财务状况；历史信用：借款人的信用卡还款记录、授信额度、信用贷款记录等。根据这些信息对借款人进行严格的信用评级。其次要审核借款人的贷款用途、贷款条件、限定贷款数额及还款期限等信息，综合起来降低违约概率，排除信用低的借款人。同时，平台应该采取期限错配措施，来提升资金利用率，有效控制资金的流动性风险。公司的内部管理也要建立内部控制体系，降低和控制内部风险。

（二）建立完善的信息披露机制

与国外成熟的 P2P 网络信贷平台相比，我国在平台信息披露方面缺乏相应的标准与规范，信息披露形式不规范、内容不全面、时间不确定。应该对这些事项做出详细的规定，使投资人能够全面、系统地了解平台的运营状况、经营业绩、平台评级等反映平台风险管理方面的信息。这些信息具体包括：公司的主要概况、经营业务与范围、经营管理信息；公司的组织架构、董事会、监事会、高层管理团队的人员构成、机构管理设置情况等等；公司内部管理和内部控制建设和执行情况、公司平台运营的风险管理情况；平台业务的借贷交易总金额、交易笔数、违约比例、借款逾期金额、借款逾期率、借款坏账率、借贷余额、出借人数量、借款人数等经营信息。其次，网络信贷平台应定期向社会公众披露经会计事务所审计的公司的年报、季报等财务会计报告，监管机构发布的相应信息，公司的风险管理状况以及行业自律组织要求披露的信息等。在网站平台上列示平台资金的第三方存管金融机构、公司平台的信息安全状况、公司信息科技基础设施运营状况以及定期聘请的权威网络信息安全测评机构给出的评定信息安全认证书。

（三）加强行业自律

在确立监管主体、建立相应的监管体系、颁布相应法律、法规的基础之上，同时应该加强行业自律，提高行业的自我规范、自我约束和协调机制。通过行业自律来对政府监督进行补充，促进行业的健康发展、公平竞争。行业自律组织的发展能够提高 P2P 网络信贷行业自身管理发展的规范性，提高行业的风险管理和控制意识，有利于整个行业的健康发展。同时，应该提高 P2P 网络信贷平台这一创新金融模式的配套服务，增强各个机构的合作模式，形成统一完善的 P2P 网络信贷服务体系。

第四节　P2P 网络信贷平台案例分析

这里以拍拍贷为例，对 P2P 网络信贷行为进行剖析。

一、案例介绍

某大学大四学生小王准备购置一款单反相机去参加毕业旅行，但是还差3000 元，小王目前还没有参加工作，又不想在毕业之际为家里增加负担，小王决定使用拍拍贷平台在网络上借款。小王首先在拍拍贷网站上进行了注册，然后点击"我要借入"，在拍拍贷平台上发布借款的相关信息。小王在拍拍贷网站上提交了个人的基本信息进行用户注册，这些信息包括：真实姓名、身份证号、电话、婚姻状况、住宅状况、收入情况、还款来源等。这些信息务必要真实，否则会影响信用等级的评价。在填写好基本信息后填写借款信息，包括借款金额、利率、期限、借款目的、还款计划。小王选择的是普通借款标，借款金额为 3000 元，年利率为 13%，期限为 12 个月。在小王填写完毕这些信息后，系统显示进入"预审阶段"，小王成功通过了初审，借款信息成功地在拍拍贷网站上发布了，贷款借出者可以开始对小王的借款进行投标。普通借款标的投标时间是 1~15 天，在第七天时小王发布的借款信息就满标了，一共有 16 名用户投了标，金额从 50 元到 800 元不等。满标后小王的贷款进入了复审阶段，3 个工作日后，小王通过了复审，小王成功地借到了 3000 元。贷款借出者在投标时拍拍贷账户中的余额不能低于 50 元，有第三方账户支付平台负责借款的发放以及投标。小王成功地买到了心爱的相机，此次借款满足了小王的消费需求，在最短的时间内解决了小王的资金问题。小王只需要按等额本息、按月还款的方式进行还款，小王每月还款 268 元。每月 268 元对小王来说已经不会是很大的负担，这种小额网络借贷方式在小王的同学中也迅速传播开来，深受大学生们的喜爱。

其实小王在借款时选择的拍拍贷平台是我国 P2P 网络借贷平台的典型代表，是我国第一家 P2P 网络借贷平台，也是国内第一家获得"金融信息服务"资质，得到政府认可的 P2P 网络信贷公司。作为我国 P2P 网络信贷的领跑者，每三个网贷者就有一个人选择拍拍贷。

由于本章是对 P2P 网络信贷行为及风险评估的研究，所以选取的案例必须具有典型的代表性，拍拍贷网贷公司符合本章的研究方向。本章选取拍拍贷平台为研究对象，主要依据有以下几方面：

（1）拍拍贷网贷公司是国内第一个真正意义上的网络化借贷平台。以其为具体研究对象，更加符合本文的研究要求。

（2）P2P 借贷网站数目众多，但拍拍贷在这个行业领域有很高的成就。2012 年 4 月 16 日，拍拍贷正式获得上海市工商局的特批，更名为"上海拍拍贷金融服务有限公司"。这是目前 P2P 网络信贷行业内第一家获得政府认可的 P2P 网络信贷平台。2012 年 12 月，拍拍贷公司成为我国首家网络信贷服务业企业联盟创始成员之一。拍拍贷是国内获得荣誉最多，最受人们欢迎的网贷公司，平均每三个网贷使用者就有一个选择拍拍贷。

（3）网络借贷发展迅速，拍拍贷是这个行业发展的领头羊，拍拍贷运营模式具有研究价值，且拍拍贷网贷公司符合本章的研究方向。

二、拍拍贷网贷公司信贷行为存在的问题和原因分析

（一）拍拍贷网贷公司信贷行为存在的问题

1. 客户信用管理制度不完善

拍拍贷网贷平台是中国第一个纯信用贷款无抵押贷款网络借贷平台，拍拍贷推出了个人征信系统。信用等级是借款人信用状况的证明，在 P2P 网络信

贷中资金借出者将借款人的信用等级作为判断借款人违约风险的首要根据。P2P 网贷平台对借款人进行信用评级时要高度公平、公正、开放。我国目前并没有比较成熟的信用管理机制，网贷平台自己评定的个人信用等级自然不十分准确。而且拍拍贷公开认证信息与个人资料安全保护之间存在矛盾，不光是拍拍贷平台，其他 P2P 网络借贷平台需要解决此问题。

在网络信贷中，不用担保人也不需要质押物，贷款人对借款人的信任完全依赖于借款人的信用。换句话说，信用是所有网贷的业务模式建立的根基，是衡量借款人价值的重要标准。但是在拍拍贷公司。拍拍贷作为中国 P2P 网贷公司领域里的典型代表，其客户信用管理制度依然不完善。信用关系在拍拍贷信用机制中的构建是在拍拍贷平台基础上注册并在认证之后实现的；网络信贷中，信用行为通过借入者在网贷平台上发布借款信息，资金借出人在网络信贷平台上投标成功等来完成的。

拍拍贷很难建立一个既客观又全面的评级体系来评价客户信用等级，因为要评价客户的信用等级需要客户丰富的信息，但是我国的信用体系和制度尚且不发达，没有第三方为拍拍贷提供客户的历史信用状况，拍拍贷平台仅仅根据客户在网站上提交的基本信息来判断客户的信用状况，这增加了网络信贷的风险。但是在发达国家拥有高度发展的信用体系，信用公司容易获得各种外部信息来源，如个人信用记录、社会保险号码、个人号码、银行账户等个人信用资料和信息材料，所以在发达国家网络信用平台对风险的评估能力要高于拍拍贷平台。网络借贷存在的另外一个问题是网络信贷平台互相之间信息不共享，所以会出现同一个借款人在多家信用平台上同时借款，或者在其他网贷平台上有不良信用记录的问题，网贷平台间的信息不流通问题导致了风险的增加。

2. 风险评估管理机制不完善

P2P 网络信贷中存在的风险可以归纳为两方面的风险。第一方面是来自于网络信贷平台中借款人的信用风险；第二类风险主要是指来自互联网的网络信贷安全威胁。所以，在拍拍贷网站平台上借款者的信用风险管理主要体现在事前、事中、事后三个阶段中。

首先，在拍拍贷网站小额信贷平台中，借款者自己可以直接在网贷公司网站上发布借贷信息。拍拍贷网站小额信贷平台上的借款者自己发布信息，这种行为可以说明风险的事前管理不到位，网络信贷平台无法有效评估借款者的信用情况。但是因为信息不对称问题的存在，拍拍贷网贷公司通过网络来掌握借款人的真实信用情况很难，这种情况下，借出人的利益有可能受到损害，拍拍贷网站也会因此有一定的损失。

其次，事中控制在拍拍贷网站小额信贷平台上也相当缺乏。在事后管理风险上，拍拍信用平台之后，才会承诺帮助贷款人催款。但是当贷款人的钱真的不能收回时，该平台将不会被取代贷款借款人还款，贷款人自己承受损失。

总的来看，拍拍贷网站等这些网络信贷平台在控制借款人信用风险环节很薄弱。加强从线下对信贷风险进行监控，这样会大大增加网络信贷公司的经营成本。对风险控制最理想的方法是最大程度地借助网络的优势，通过各种创新方法加强网贷信用控制，确保既能有效控制风险又可以不增加网贷公司的成本。另一方面，网络运行面临的另一个重要问题是网络安全性，如今"钓鱼网站"的出现和黑客对网站的入侵都可能会泄露网络信贷平台中客户的个人信息，不法分子利用获得的信息进行违法交易。这大大威胁了网贷客户的资金安全，更有甚者如果不法分子利用网贷用户的个人信息从事违法犯罪行为，将会导致网贷平台用户"被犯罪"。这也是拍拍贷信贷平台风险管理中一个重要组成部分。

3. 坏账控制不力

拍拍贷平台是一个纯信用信贷平台，借款人不需要抵押物也不需要担保就可借款。拍拍贷平台的重要职责是对借款人的信用状况评估，用科学、合理的方法对借款人信用状况评估可以有效地降低坏账的发生，但是如果评估方法不正确或者受技术水平的限制，不能够准确地评估借款人的信用等级，则会大大增加贷款风险，导致坏账率增加。如果坏账率较大，那么网贷平台的资金流动性就会受到影响，更有甚者会导致网贷平台倒闭。

目前网络信贷平台主要通过两种方式来控制坏账风险：第一种是网络信贷平台针对坏账制定一系列的惩罚方式，比如对不按时还款的借款人收取滞纳金；在网贷平台上曝光逾期还款的借款人的信息；网贷平台催收贷款等。虽然网络信贷公司采用此种方法在一定程度上能够收回部分欠款，但是这种方法下网贷平台并不承担风险，只是起辅助作用，最终风险由出资人承担。第二种是承担式的坏账控制方法。承担式控制方法下坏账风险的承担者是网络信贷公司，网络信贷公司负责偿还逾期贷款。向贷款人垫付平台中出现的坏账网络借贷公司采取的一种方式，或者以设置"还款风险金"的形式承担投资人的坏账风险。这种方式使坏账的风险被转嫁，甚至可能有作弊的贷款人和借款人勾结，公司自身的经营压力增加。

其实拍拍贷平台中每年的坏账数目很多，所以拍拍贷的坏账风险不容忽视。但是目前拍拍贷大多采用第一种方法来控制坏账，主要包括协助客户催收、对借款人收取滞纳金、将逾期贷款客户列入黑名单等方法。此种方法不能有效地降低出借人的资金风险。

另外，拍拍贷平台在审核贷款时会对借款人对资金的用途进行审核，贷款的实际用途要与申请中的用途保持一致，但是仍然有一些资金被投资在了股票等高风险的项目中，这也加大了出借人资金的风险性。

（二）拍拍贷网贷公司信贷行为存在问题原因分析

1. 公司风险管控能力不强

相比于一般商业银行贷款，拍拍贷小额信贷公司面临着更为严重的不能按时还本付息的风险，这对 P2P 网络信贷平台的风控能力提出了更大要求。P2P网络信贷平台上的借款人一般是为了满足短期的资金需求而借款，其本身资金缺乏，而网络借贷中的利率与商业银行借贷相比要高出很多，一般达到 20%多，这样高的借款成本给借款人带来了很大压力，这在一定程度上会加大借款的风险。而如何确定一个比较适合的利率水平是拍拍贷平台面临的一个重要问题，这就进一步加大了拍拍贷贷款业务的风险，降低了其风险管控的能力。

通过对拍拍贷网络信贷平台网站数万名用户在线交易统计数据的分析，发现拍拍贷网络信贷的借款期限越高，则逾期率、违约率越高；而借款期限越低，则逾期率、违约率越低，即两者存在明显的正相关关系。当然，在拍拍贷网络信贷中亦有满足信用等级越高的债务人逾期率和违约率越低的规律。

依据信贷风险控制情况，拍拍贷信贷可以分为以下几种模式：纯线上平台模式、债券转让模式、第三方担保、小贷平台模式。众所周知，拍拍贷是最典型的网络 P2P 信贷融资公司，从风险控制机制来看，该种类型的信贷公司由于起步于网络，而不是金融企业。因此，缺乏丰富的风险控制经验及规范的风控流程操作。从人才储备来看，由于拍拍贷是借款方与贷款方自主交易，而这两方并非专业的金融从业人员，在识别风险、规避风险及相应的金融交易知识方面有所不足，而信用公司仅作为证人提供交易平台，并不提供相应的风险提示，或风险规避工具。因此，P2P 信贷存在天生的缺点，即交易风险不可控。除了上述不足之外，在资金交易过程中，会出现资金沉淀，即资金在信贷平台上交易时，会停滞一段时间，一些大的 P2P 交易平台，该资金沉淀量甚至每天可达 500 万元人民币。然而该沉淀资金目前处于无托管状态，这为资金挪用，甚至卷款逃跑提供可乘之机。因此，这个不足也为 P2P 信贷平台埋下较大的风险隐患。

为了解决上述不足，拍拍贷网络信贷公司采取：审核借贷人信用状况、资金的重新组合贷出等措施。然而，与传统金融企业相比，这些风控措施仅能够从技术上分散风险，并不能彻底转移或避免风险。同时，可以看出这些风险防控措施还是比较零散，不成体系，缺乏系统、全面的风险控制机制。

2. 市场金融监管缺失

目前大多数 P2P 信贷公司有两种途径方式进行交易资金的流入流出：公

司高管或公司以个人名义在银行开立自然人账户，而不能以法人身份在银行开立法人账户；与环迅支付、支付宝等第三方支付平台合作，将这些平台作为资金进出的通道。然而无论是哪种方式，由于开户行、支付平台无法对信贷公司起到真正的监督作用，可能由于现场工作人员的疏忽或者控制程序失效可能出现资金挪用等非法现象。

目前，由于国内对拍拍贷等信贷公司的性质缺乏明确的法律、法规界定，央行、银监会等机构没有监管该类公司的法律依据，也造成了对其监管职责界限不清，从而使得拍拍贷等信贷平台处于监管空白中。

3. 社会征信体系不健全

通过了解借款人的信用记录及个人信息有助于规避违约风险。然而，目前我国的征信体系还十分不完善，且只有银行等传统金融机构有权限查看使用，拍拍贷等 P2P 网络信贷平台无法通过征信体系获知借款人的相关信息，只能通过电话访问、借款人自主提供的信息资料进行信贷审查，由于存在严重的信息不对称，可能存在逆向选择；同时，贷款后，信贷公司无法追踪资金的真实流向，未来还款的可能性无从得知，加大了信贷的道德风险。上述风险成了拍拍贷等信贷公司面临的主要风险来源。

加强建设个人信用体系可以确保金融市场发展健康、有序，还可以保护个人隐私。我国目前关于个人征信体系建设的法律法规、条例制度包括：《中国人民银行个人信用信息基础数据库管理暂行办法》《征信业管理条例》等。

4. 拍拍贷平台资金缺乏安全保障

2011 年，为了规避风险传染，切断银行贷款为人人贷公司提供的资金支持，银监会发布《关于人人贷有关风险提示的通知》，要求各家商业银行与人人贷公司划清界限，这一举措使得 P2P 小额信贷公司陷入托管无门的困境。可以看出，拍拍贷作为根植于网络的新生事物，由于缺乏相应的法律依据及政策支持，其交易过程的资金没有托管方进行保管，从而可能导致沉淀资金被挪用，甚至于被转移，加大了交易风险。

为了规避上述风险，实现交易资金的托管，并依靠第三方支付平台实现对资本的监管，拍拍贷信贷平台转而寻求与第三方支付机构合作，以期达到交易资金由第三方支付平台进出，从而实现与自有资金相分割。然而，由于借贷过程仍然是从借记账户到信用账户的平台，所以它仍然没有改变很多钱的差距，流入流出，滞留在 P2P 平台上的情况，但是从自己的银行账户的平台保留网站到第三方支付账户，支付宝等第三方支付平台无权监管网贷网站用户个人账号，拍拍贷平台仍能将第三方支付账号的客户资金挪动，携款潜逃的风险并没有消除。

第七章 电商金融的投资行为

近年来，随着互联网的飞速发展，电商金融引起了整个金融行业和全社会的高度关注，其参与金融领域的广度、深度以及对社会经济发展的影响是所有互联网金融平台模式中最为突出的。本章将对电商金融的投资行为进行探究，包括电商金融的基本内容及相关理论、基于电商金融小微企业融资的有效性及局限性分析、基于电商金融小微企业融资的策略研究。此外，本章还有针对性地选择了电商金融投资在解决一些问题方面的案例进行了具体分析。

第一节 电商金融的基本内容及相关理论

一、电商金融的基本内容

（一）电商金融概念界定

关于互联网电商金融的定义，学术界尚未达成一致的意见。《中国金融稳定报告（2014）》中曾指出：互联网电商金融的定义有广义和狭义之分，广泛意义上的互联网电商金融有两层含义：其一是银行等各种传统金融机构通过对互联网信息技术的运用进而开展的金融业务，其二是一些互联网企业，它们属于非金融机构，由它们提供的各项金融服务。狭义的互联网电商金融是指后者，即由各种互联网企业凭借网络和计算机技术开展的各类金融服务。

互联网电商金融的模式分为：第三方支付、P2P平台、电商金融、众筹模式等。其中电商金融被认为是最具影响力的模式之一，电商金融也存在广义和狭义之分，其中包含了各个电子商务企业开发的各类金融产品和各类金融服务，被称为是广义的电商金融，它体现在以网络为基础而开展的支付结算、融资、保险等众多领域；其中，由于融资业务是所有金融服务中最核心的部分，所以狭义的电商金融亦称为电商融资。另外，值得一提的是，电商金融广泛应用了大数据，因此罗明雄等经济学家也将电商金融叫作大数据金融。本书以狭义电商金融为基础进行研究。

上述定义只简单说明了电商金融是金融产品和电子商务的结合，为了对电商金融支持小微企业融资的效应有一个全面的分析，本书从电商金融的参与要素角度将电商金融定义为：电商金融是电子商务企业参考电子商务交易平台上的记录和保存的交易情况、信用评价等级等大数据，利用云计算等计算机手段对融资过程中各项风险进行有效、实时的监督和控制，为提出贷款申请的第三方网店商户、各产品供应商和会员企业等提供担保或覆盖面较广的小额贷款。

（二）电商金融参与要素

从供给和需求的视角可以把参与要素归结为以下四种：资金需求方、资金提供方、电子商务平台、大数据。

1. 资金需求方

资金需求方包括第三方网店商户、各产品供应商、个人消费者，小微企业占主要部分。显而易见，电商金融无法彻底地涵盖平台上的全部企业，所以并不是全部网上参与者都能被称为资金需求方。

2. 资金提供方

资金提供方实际上存在两种不同的类型：一是银行出资，作为资金提供方与电商企业合作，电商平台通过大数据为小微企业做担保，如京东金融；二是电商平台通过自己成立的电商小额贷款公司，作为资金提供方，提供贷款服务，如阿里金融。

3. 大数据

大数据的本质是一个庞大的数据群组，它的来源非常广泛，并以多元化的形式存在，大部分原有的数据库配套软件对采集信息、保存完整数据、进一步剖析数据的能力已经无法彻底满足大数据的要求。其基本特征可以总结为大量化、多样化、快速化、价值高。针对电商金融大数据的来源，有三种渠道：第一，通过电子商务平台上每时每刻进行的各种电子商务活动而抓取的各项数据，如电商小微企业的总体运营状况、各项交易进展、企业认证、商品和服务评价等级、相应的物流信息、客户基本存量以及上下游交易等数据；第二，资金需求方的学历高低、住房情况、配偶基本信息、家庭等个人信息也是提出贷款申请时必须提供的数据；第三，电商平台会将外部信息数据库作为重要的参考信息，来满足数据的多样性，如中央银行征信系统、电信、税务系统等。

4. 电子商务平台

电商平台之所以能成为电商金融的核心要素，是因为它的作用非常重要，它通过大数据和云计算技术手段，先对资金需求方进行信用评估，然后提供担保，或提供一定数额的贷款，并对每一项电商金融业务各个时期进行有效监管，使电商金融业务安全运行。

（三）电商金融的发展模式

1. 电商金融发展模式的本质

电商金融充分利用大数据来弥补企业与银行之间的信息不对称的问题，而不是简单地把之前的金融业务硬搬到网上去。近年来电商纷纷进入金融领域，依据其大数据优势，电商金融发展更为引人注目。电商介入金融领域的途径在与深度挖掘交易数据，在交易环节内为买卖双方提供资金融通服务。例如，淘宝拥有海量的数据，依托淘宝和天猫的数据，阿里金融可以在掌握几十万商户最真实的经营数据的基础上进行数据分析，并建立起一个网络数据模型及信用评级体系，根据评级选择合格企业为其发放贷款，而这种积累起来的信用数据是传统银行所不具备的。由此可见，互联网金融企业掌握的最重要资源是交易数据，电商金融本质就是大数据金融。

2. 电商金融发展模式的类型

第一，从有无担保抵押品的角度分为信用贷款、应收账款融资。信用贷款模式在获得贷款的过程中不需要提交任何抵押品，仅仅通过在电商平台完成每项业务时保存下来的各项信用等级大数据，再加上电商平台为融资需求方做担保。应收账款融资模式在获得贷款的过程中资金需求方不仅仅得提供电商平台上保存下来的信用等级数据，还必须提供相应抵押品，以此申请融资贷款。根据电商平台的不同，举例论述电商金融的这两大贷款模式，如表7-1所示。

表7-1　电商金融的贷款模式

贷款类型＼电商平台	自主 B2C 平台（京东商城）	销售平台式电商（淘宝、天猫）	B2B 平台（阿里巴巴）
信用贷款	供应商信用贷款	第三方网店信用贷款	企业信用贷款
应收账款融资	供应链贷款	订单贷款	订单贷款

第二，从电商平台的作用不同将其分为电商自营式小额贷款、银企合作式小额贷款。电商自营式小额贷款主要通过电商平台旗下的电商小额贷款公司提供贷款资金，由电商平台对小微企业进行审查考核后发放贷款，如阿里小贷和

苏宁小贷；银企合作式小额贷款这种模式的贷款资金由商业银行提供，电商平台参与其中的作用是提供资金需求者的信用状况或为其做担保，例如京东金融的供应链金融模式。银企合作式小额贷款相比于电商自营式小额贷款，最大的优点就是它所承受的资金来源受限的风险更小。然而，银行的信贷审查核准的成本非常高。相比之下，电商则可以通过监控平台上的小微企业的日常营运情况和资金流向，对融资成本和风险进行有效控制。

电商金融的贷款流程如图7-1所示。

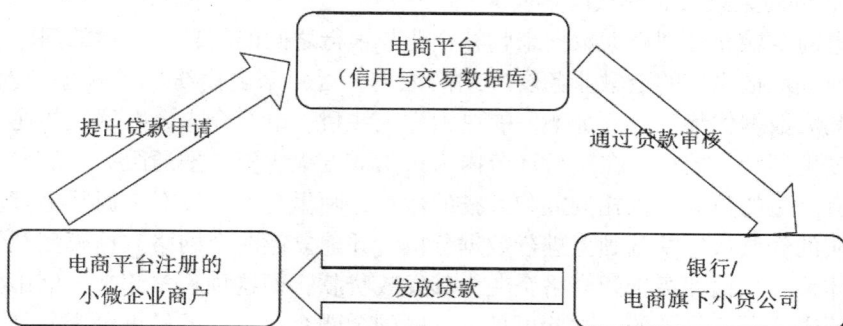

图7-1　电商金融贷款流程

3. 电商金融发展模式的环境分析

电商金融发展的环境包括外部环境和内部环境。其中内部环境包括：（1）互联网技术开发企业内部人员管理和技术创新；（2）企业内部的管理体制和流通体制。而外部环境主要包括：（1）消费者生活质量的提高；（2）消费者对社会产品要求的不断提高；（3）消费者对社会新鲜事物的好奇追求和对方便、快捷事物的喜爱；（4）电商金融的监管环境。

（四）电商金融面临的风险及挑战

首先，互联网金融本身具有虚拟性，交易双方不需要见面，所有交易都在线上完成，在这个过程中造成的风险难以把控，容易滋生风险问题。目前的电商平台大多数属于非金融公司，没有金融牌照，所以不在转筒金融的监管范围内，中国人民银行的征信系统也不能接入电商平台，这对于核实和监督交易者身份、交易信息等难度加大。

其次，中国的社会信用体系不完善，中国人民银行的个人征信信息只能被少数金融机构所用，电商平台掌握不了客户的征信信息，这容易造成逆向选择和道德风险，从而可能发生资金安全性问题。最后，目前我国的金融法律法规都是基于传统金融活动制定的，这些法律法规暂不适应互联网金融的发展。法律对互联网金融准入、交易、主体身份认证、电子合同有效性确认等方面都没有明确的法律规范。虽然我国的法律法规滞后于互联网金融的发展，但是我国目前正在逐步完善互联网金融的监管规范和法律体系，逐渐引领互联网金融走上有法可依的正规，促进互联网金融的健康发展。

（五）电商金融的发展趋势及前景

首先，互联网金融倒逼传统金融变革。传统金融行业只有有效利用互联网金融进行产业升级和结构转型，才能促进传统金融业的进一步发展，防止金融脱媒现象的发生。同时，互联网金融可以为每一个顾客精准画像，追踪每一个顾客的来源、购物路径、搜索、收藏等行为，分析顾客购买商品的关联性、重复性和周期性等，为顾客进行精准化的商品推荐和个性化服务。在这种情况下，低效率的大众营销被淘汰，取而代之的是精准营销。

其次，电商金融加快与传统产业融合发展。一方面，大力发展农村电子商务，促进农业"小生产"与电商"大市场"的有效对接，推动农产品的网上推销，降低农产品滞销行为，促进农产品的销售。另一方面，互联网金融促进交互购物体验的发展，如O2O购物模式使线上线下相融合，共同推进新的购物体验。互联网金融的最终状态是线上与线下相结合，共同促进，彼此互补，形成一个循环有序的线上线下融合的生态环境。

再次，互联网金融推动新兴服务业态的出现。金融电商云服务的发展一方面利用大数据及时分析客户需求，面向用户提供更好的服务；另一方面云计算降低了网络支付的开发成本、节约了互联网金融的扩建成本。

最后，电商金融利用互联网金融的无界限性，方便低成本地向海外市场进军，走向国际全球市场。电商金融简化境内电子商务企业海外上市审批流程和境外直接投资登记手续，鼓励电子商务领域的跨境人民币直接投资。

二、电商金融的相关理论

（一）信息不对称理论

信息不对称理论（asymmetric information）指的是市场上的各个参与主体对市场信息的了解程度不尽相同，存在差别，一些参与主体掌握着其他参与人无法拥有的市场信息。

致使小微企业面临融资难问题的最严重的影响因素就是信息不对称。由于信息不对称的存在，为了更全面地掌握小微企业的信用状况，传统商业银行在放出贷款的前期、中期、后期都需要付出很大的放贷成本，因此商业银行的贷款很少面向小微企业。

电商金融借助大数据和云计算的技术优势，大大降低了借贷双方之间的信息不对称程度，为小微企业的融资开辟了一条新的、有效的途径。因此本书基于信息不对称理论来分析电商金融解决小微企业融资难的有效性。

（二）金融中介理论

凡是将金融资产作为核心事业的企业统称为金融中介。金融中介有银行类金融中介和非银行类金融中介之分，其中包括了中央银行、商业银行、保险公司、财务公司等。在融资的各个环节中，金融中介扮演着不可或缺的角色。现代金融中介的基本功能包括降低信息不对称程度、降低金融交易成本、提供便利支付结算手段、促进资金融通管理、进行风险防范等。其中，对信息进行生产是金融中介的一项最基本的职能。以前的信息生产主要依靠最容易的现场交流，然而在计算机技术和互联网信息迅速发展的今天，信息的产生可以通过多样化的途径得以实现。例如，凭借社交网络，借助互联网技术及电子商务平台记录和保存下来的大数据信息。因此，在电商金融中，电子商务企业作为一种新时代新金融模式下的新金融中介，拥有改善信息不对称问题的优势。本书从金融中介的信息生产功能入手，研究电商金融解决小微企业融资难的有效性。

（三）交易成本理论

关于交易成本这一理论，最先提出的是科斯（Coase R. H.），他认为人与人之间的交易活动都是需要成本的，并且市场交易成本大概包括以下几种：寻求和发现合作伙伴和交易者的费用、与交易者会谈和交涉的费用、签署合同的费用、担保合同顺利推行的费用等。[①] 诺思（Douglass C. North）等经济学家一致认为交易成本在经济运行中是不可或缺的一个因素，它集中了交易体系中所有的价格。[②] 包括张五常在内的众多新制度经济学家将交易成本看作是制度成本的一种，它涵盖了交易达成前的谈判、会谈和交涉的成本、获取信息和处理信息的成本、制订和保证契约得以达成的成本、合同签订后对交易双方的监督成本等。总结以上相关理论，本书认为随着交易的进行，交易成本分为以下四个方面：第一，交易达成前对交易信息的获取和处理成本；第二，交易进行中的支付与结算成本；第三，交易完成后监督合作双方对合同的实施进程的成

---

① 罗纳德·H·科斯. 论经济学和经济学家 [M]. 上海：格致出版社，2010.
② ［美］诺思. 制度、制度变迁与经济绩效 [M]. 杭行，译. 上海：格致出版社，2008.

本；第四，交易产生纠纷时的解决成本。

研究基于电商金融的小微企业融资效应问题必然涉及金融交易，金融交易中自然也存在交易成本。因此，可以用交易成本理论研究电商金融解决小微企业融资难的效应。贷款额度非常小是小微企业的融资特点，并且它们需要贷款的次数也很频繁。对于商业银行来说，将贷款发放给小微企业所产生的单位成本要远远超过将贷款发放给大企业所花费的单位成本，交易成本主要产生在贷前调查、审核和贷后的监督上。因此，银行的贷款业务更倾向于贷款额度很高的大企业。而对于电商平台上的小微企业而言，它们有更广泛的融资需求，电商企业凭借平台交易获取信用信息，简化贷款流程，节约时间成本，交易后监督等都在互联网技术支持下完成，以此不断地降低融资活动的交易成本，为网店商户提供小额的信用贷款，改善了金融服务水平。

第二节　基于电商金融小微企业融资的有效性及局限性分析

一、基于电商金融的小微企业融资的有效性分析

（一）电商金融优势的理论分析

1. 大数据、云计算的技术优势分析

麦肯锡（2011）指出大数据这一技术正在全世界经济的众多领域起到重要作用，[1] 由此对于大数据的研究开始逐步深入。2013 年，清华教授谢平通过对大数据的研究指出，金融中介通过对大数据的掌握，降低信息不对称程度，使融资成本减少，最后计算出资金需求者的动态违约概率，大数据的这种存在模式要优于传统商业银行对风险的审核模式。大数据的基本特点是大量的数据来源，产生速度快捷，信息种类众多，信息真实有效。

对于云计算，阿姆布鲁斯特（Armbrust. M）等人（2010）指出云计算包括两种服务：一是来自互联网和数据中心的应用服务，二是包括硬件与软件的服务。[2] 云计算的作用涵盖了提高数据分析能力、降低金融中介融资服务成

---

[1] ［美］麦肯锡. 麦肯锡大数据指南［M］. 王霞，等，译. 北京：机械工业出版社，2016.

[2] Armbrust. M, et al. Above the clouds：a Berkeley view of cloudcomputing［DB］.［2009-02-10］. http//www. eecs. berkeley. edu/Pubs/TechRpts/2009/EECS-2009-28. pdf.

本、规避各项风险等众多优势。

电商金融大数据、云计算的技术优势主要体现在以下几点：

第一，大数据和云计算技术有助于降低信息不对称程度。大数据和云计算技术主要通过信息获取、信息处理能力的改善来降低信息不对称程度。在信息获取上，电商平台（如淘宝、天猫、京东）通过数据库和大数据存储技术，不用再仅仅依赖资金需求方提交的财务报表等"硬信息"，而更多地对商品交易量、消费者信用评价等"软信息"进行分析利用。在信息处理上，通过一系列云计算处理手段，例如：建立人工智能、模式识别、模型构建，将获取的数据原始信息进行进一步深入的分析、处理，通过有效的推理、总结，使电商平台解决信息不对称问题，顺利完成贷款业务。

第二，大数据和云计算技术有助于降低融资交易成本。对于电商平台而言，在放出贷款之前，大数据为信息获取提供了技术支持，因此降低了搜寻小微企业信用信息的成本；在放出贷款之后，云计算技术生成的动态风险定价模型为风险管理提供了技术支持，使贷后风险监督和管理的成本下降。通过统计数据可知，阿里金融针对小微企业的融资贷款平均每笔贷款的交易成本大约控制在两元左右。对于小微企业而言，由于电商平台放贷业务交易成本的减少，一定会适当降低小微企业融资交易成本，如降低贷款利率等。

第三，大数据和云计算技术有助于增强风险控制能力。相比于小微企业财务报表，由线上交易过程产生的一系列大数据信用信息更能直接反映企业的信用状况。基于此，电商平台建立了一套独特、有效、完善的信用评价体系，降低信用风险。这种体系充分利用了交易行为所积累的大量基础数据，再通过小微企业自身提供的财务报表，建立信用等级模型。最终，将小微企业的交易行为数据转化成信用等级，作为是否予以贷款的重要参考条件。

（二）电商金融的信息优势

电商金融的信息生产能力大于传统金融中介，即电商金融在小微企业融资过程中，拥有更多的信息，可以有效降低借贷双方的信息不对称程度。这一优势主要体现为以下两点：第一，从资金需求方角度来说，小微企业在融资之前，首先会考虑选择哪一类金融产品，此时开放的电商平台会将自身的融资产品进行细致、透明的介绍，为小微企业在这一阶段的选择工作降低了信息不对称程度；第二，从资金提供方角度来说，电商平台无论是作为资金提供方还是作为担保方由银行提供资金，通过线上交易记录下来的大数据信息和通过云计算分析后获取的小微企业信用状况，都将比资金需求方自身提供的企业信息更加真实可靠，资金提供方基于此对小微企业进行风险评估后，可以有效地选择更加安全可靠、信用风险低的小微企业，为其提供贷款。因此，大数据改变了融资市场中借贷双方间存在的信息不对称的问题。尤其在纯信用贷款模式下，小微企业缺乏抵押品，电商金融在信息生产方面的优势有助于降低违约风险，促进了融资业务的有效完成，为小微企业融资增加了一条新的有效途径。即使小微企业发生违约，电商金融企业可以通过在平台上及时公布小微企业的违约行为，实现违约信息共享。此时小微企业的违约成本大大提高，起到有效的监督作用。

（三）电商金融的低成本优势

第一，贷款前的信息获取和信息处理成本低。电商金融的融资模式下，电商金融企业将平台上保存下来的众多小微企业的线上交易情况作为基础数据，运用云计算技术对基础数据做深度处理，根据得出的数据结果对提交贷款申请的小微企业的信用风险状况进行审核，减少了资金双方之间的信息不对称问题，优化了资金的配置效率。由此可见，获取电商平台交易上的交易数据不用再花费其他的额外费用，在这整个过程中，电商金融降低了信息获取和处理成本。

第二，贷款过程中的交易成本和服务成本低。首先，电商金融的资金支付结算成本低，这主要归功于电商金融凭借第三方支付平台，先将客户的资金归集起来，进而可以将银行线上的手续费压到最低。其次，电商金融降低了资金成本，因为电商金融的小额贷款推行随借随还模式，并同时向大量的小微企业发放贷款，分化借款成本的同时也加速了资金的使用效率，提高资金周转率。再次，电商金融能节约时间成本。电商金融通过线上交易，使小微企业从申请贷款到获得批准的整个流程都不用受限于时间，相比于线下融资操作过程需要几个工作日，还有可能更多，电商金融可能只需几分钟就能完成贷款的审批。电商平台的线上审核流程既符合标准又简单操作，小微企业在申请贷款时根本不用排队，在任何时间、任何地点都可以进行即时交易，极大地摆脱了空间上的限制。再次，电商金融能极大地降低服务成本，因为电商金融和传统银行不同，它们不设置实体营业网点，更不需要工作人员进行面对面的实地考察，省去了这方面的人力成本。

第三，贷款后的监督和风险控制成本低。电商金融企业在发放贷款以后，可以通过计算机技术，在线上对小微企业的资金使用情况实施有效监控，由于线上操作成本比人工实时监控成本低，因此电商金融的监督成本低，降低了风险控制成本。

（四）电商金融的风险控制优势

电商平台凭借自有的大数据和引进的外部数据库，更加真实地了解小微企业的信用状况，从而严格地控制贷款业务的质量问题，降低小微企业融资的违约风险。具体操作方式是从贷款前期、贷款中期、贷款以后三个方面联系起来进行综合监管和风险防范，使不良贷款率得以控制在较低水平。贷款前期主要基于大数据所呈现出的信用信息，首先对小微企业整体状况做出一个评定；贷款中期，严格监视把控小微企业对贷款资金的使用状况；贷款后期，对小微企业的经营动态进行监督，若出现违约行为，相应的收取罚金，提高小微企业违约成本，控制违约风险。

二、基于电商金融的小微企业融资的局限性分析

（一）电商金融服务范围的有限性

电商金融融资业务的服务对象主要包含个人消费者、第三方网店商户、网店产品供应商，其中以小微企业居多。但电商金融很难有效地覆盖所有的小微企业，即电商金融的服务范围受限。主要体现在电商金融目前在小微企业中尚未广泛普及、电商金融企业的大数据无法复制共享。

1. 电商金融尚未广泛普及

从小微企业角度来说，其对互联网电商金融保持着一种比较谨慎的态度，很少通过互联网平台进行融资。赵静（2014）选取了杭州市的 1000 家中小企业作为样本做了一项关于互联网融资利用情况的问卷调查，[①] 结果显示：97.8%的中小企业从来没有利用过像阿里小贷的互联网电商金融融资模式进行融资。其中，14.7%的小微企业资金充足，不需要对外再融资。51%的中小企业表明针对互联网电商金融的操作模式不够熟悉。17.6%的企业指出互联网电商金融对他们来说是发展初期的融资模式，还比较陌生，可能具有高风险等问题，因而不愿冒险尝试。9%的小微企业认为互联网电商金融的操作流程都基于线上互联网，操作方式复杂，难以接受。对于少部分已经利用过互联网融资的小微企业来说，通过互联网融资的金额占企业对外融资总额的比例不超过10%。与此同时，71.2%的中小企业对互联网电商金融保持中立的态度，只有15.6%的小微企业认为互联网电商金融模式对于企业加快融资速度有帮助。综上所述，大部分小微企业对互联网电商金融不抱乐观的态度，他们表示基本不

---

① 赵静. 互联网金融：能否纾解中小企业融资困境？[J]. 经营管理者. 2014（17）：42.

会考虑利用互联网电商金融模式进行融资。因此，作为互联网电商金融的一种重要模式，电商金融在小微企业中未广泛普及。

从电商平台角度来说，电商平台在审核有融资需求的小微企业时，有很多约束条件。首先，电商金融主要针对依靠电商平台在线上成长起来的小微企业，而对于线下的小微企业并不作为融资服务的对象。以"淘宝"为代表，大量小微企业客户依赖淘宝这一电商平台生存，其在交易过程中的销售数据、客户满意度等核心信息也记录在电商平台上，电商平台完整、真实地掌控企业的信用状况并据此对融资风险进行有效控制。然而，平台上的小微企业数量毕竟有限，线下的小微企业数量远超线上。如此，电商金融无法普及所有的小微企业。其次，电商金融的贷款服务对象局限于销售与消费领域，由于电子商务经营模式的局限性，其他领域的小微企业无法成为电商金融的贷款客户，例如生产、研发、制造业等领域。然而，目前在中国制造业类型的小微企业数量众多，因此电商金融的影响并不大。最后，不管是什么贷款类型的电商金融融资产品，都是面向已经成熟的企业，因为交易大数据的形成需要一个漫长的过程，然而那些处于创业阶段的小微企业并不能马上拥有大量的交易数据作为保证。因此，针对这些群体电商金融并没有提供一条可行的融资途径，电商金融模式目前并没有形成足够大的规模。并且线上的小微企业采用电商金融融资方式比例不大。从数据上来看，在阿里巴巴 B2B 平台上注册的用户有 580 万，企业商铺有 840 万，但在 2013 年，阿里累计服务对象为 70 万户小微企业，普及率不足 10%。

2. 电商金融企业的大数据无法复制共享

电商金融企业之间的大数据无法实现复制共享，各个电商企业只能为自己平台上的小微企业服务，使电商金融服务范围受限。

阿里巴巴、腾讯、京东等电商都拥有自己的电商平台，各自在平台上保存小微企业大数据，并且在各平台之间并没有建立联通机制，它们一直处于相互孤立、彼此封闭的状态。当电子商务平台上的商品越丰富，消费者就会越认可，进而就会吸引更多的小微企业商户入驻。国内的数家电商企业中，淘宝网的规模最大。而京东、苏宁、当当、凡客等电商主要倾向于在单一特定的类型商品上赢得大部分消费者的认可，规模和口碑都很难与淘宝网抗衡。阿里巴巴旗下的三大平台历经了十年以上的时间，才建立了如此大规模的客户群体与大数据，这些资源其他平台短时间内很难掌握，因此阿里金融模式并不能被轻易模仿、复制，这加剧了各个电商平台之间的激烈竞争，使它们找不到一个共赢的方式，实现大数据复制共享机制。

目前，各个平台建立电商金融系统的时间不同，标准不同，使用的技术软件等方面都存在较大的差异，并且较大的地域和领域差距更不容忽视，这些不同的因素综合起来使各电商金融企业之间的大数据无法整合，实现数据共享。

（二）电商金融风险的特殊性

电商金融是基于互联网信息技术并将电商平台应用到金融领域中的新型金融模式，它的本质与传统金融并不发生冲突，因此电商金融摆脱不了传统金融存在的信用风险、流动性风险等。而电商金融的核心优势在于依靠大数据、云计算等网络技术解决了信息不对称问题，这种运作模式必然导致电商金融拥有传统金融所没有的特殊风险，主要包括：网络安全风险、技术操作风险、电商金融企业资金来源风险、法律法规不健全与监管力度不够等风险。

1. 网络安全风险

电商金融所面临的网络安全风险不容忽视，如计算机病毒、电脑黑客攻击、第三方支付不安全、客户数据信息泄露等。电商金融首先通过线上电子商务交易平台获得大数据，再通过大量线上自动化审核，完成放贷业务，所以电商交易平台和电商小额贷款公司自身的网络安全问题都应该受到极大的重视。电子商务平台上需求方和供给方的用户信息，包括注册资料、账户信息、资金流向、交易记录、信用评价等都记录在电子商务平台上，一旦系统遭到破坏，电商金融的各个参与主体将面临严重的资金受损或客户信息泄露等网络安全事故的发生。若电商系统出现故障，卖家无法正常更新产品详情页面，虽然可以根据前一天数据恢复到之前的状态，但造成了当天的信息缺失，使数据的积累、信用评价的真实性受到影响。计算机网络病毒的传播速度非常快，有的病毒也非常隐秘，不容易发觉，这些病毒也会造成电商金融网络安全风险的加大。

2. 技术操作风险

电商金融的技术操作风险主要分为过度依赖大数据和量化分析模型风险、业务操作风险。

第一，过度依赖大数据和量化分析模型，使电商金融的技术操作风险加大。通过上文的分析论证可知，大数据作为电商金融的基本要素之一，已然成为电商金融健康发展的基础，因此大数据的质量好坏对电商金融来说至关重要。而大数据的形成基本上依赖于电商平台上小微企业保存下来的交易信息，以目前电商平台所掌握的信息技术和其所制定的交易制度，无法确保所有的交易信息以及消费者对商品的评价等数据真实、可靠。电商平台最严重的问题是存在虚假交易现象，这种现象最直接的不良后果就是对大数据的真实性和可信度大打折扣。当第三方网店为了增加自家产品销量，提升产品的好评率，通过付出一定的成本，雇人当客户，下单后却并不实际发货，这个过程称为虚假交易。

第二，业务操作风险对电商金融企业来说也不容忽视。当电商金融企业在提供融资服务的过程中出现企业内部操作流程不规范、业务相关人员对线上操作不熟悉或者不仔细而造成操作失误，都会增加电商金融的风险。电商金融企业的发展时间不长，发展的成熟度不高，对于融资业务相关的内部管理经验不足。电商金融作为互联网时代下的创新型金融模式，绝大多数融资客户对整个贷款流程的运作尚处于陌生或不熟悉的状态，难免出现操作不当导致的技术操作风险。

3. 电商金融企业资金来源风险

任何一种融资模式中，资金提供方能够拥有充足的资金来源都是保证金融业务持续经营的必不可少的基本因素。然而目前，电商平台和电商小额贷款公司的贷款资金来源不足，且资金难以周转，这成为电商金融特有的风险之一。下面以阿里金融为例进行论证。

阿里金融的贷款资金主要可以通过以下几种方式获得：电商小额贷款公司、同业拆借模式、传统商业银行、信托计划、资产证券化。但是目前这几种方式都存在一定程度的限制条件。

（1）电商小额贷款公司：由于未拿到银行牌照，贷款资金仅限于注册资本金和捐赠资金，阿里旗下两个小额贷款公司的注册资金一共是16亿元。

（2）同业拆借模式：融资额不能超过注册资本的两倍。

（3）信托计划：信托计划属于私募行为，在融资规模上国家会加以限制，并且信托融资过程中要支付信托公司以及募集者一定的报酬，因此募集资金的成本会很高，筹集资金有限。

（4）资产证券化：资金证券化的审批流程较长，回笼资金频率较低，规模较小，面临监管合规的风险。通过资产证券化，阿里小贷获取的部分利息收入会分给其他投资者，且会将贷款违约的风险转换给其他市场参与者，不利于监管。

由此可知，阿里金融的贷款资金来源虽然多，但都存在不同程度的限制条件，严重阻碍了电商金融为小微企业提供更好的融资服务。

4. 法律法规不健全、监管力度不够风险

目前，关于电子商务范畴内的一些法律、制度已经开始逐步形成，并略见成效。同时，关于传统金融的法律法规也已经步入成熟，但是由于电商金融是一种新型金融模式，目前对于电商金融的监管和立法仍不完善。

第一，电商金融的法律、法规不健全。电商金融是一个兴起时间不长，行业规模不大，发展不成熟的新型金融模式，在立法领域，尚没有形成一个健全的法律法规体系。这主要体现在对电商金融企业的行业准入门槛、融资客户的身份认证标准、基于线上系统的电子合同有效与否、融资客户的个人相关信息的保护等方方面面都缺乏法律规定，当出现交易资金纠纷时，法院也没有足够的判决依据，无法确认借贷双方的权利和义务，增加融资过程产生的风险，这必然成为制约电商金融健康发展的重要原因。

第二，对电商金融的监管力度不够，分工监管机制缺乏积极的协调配合。一直到 2015 年 7 月，中央才正式出台《互联网电商金融健康发展的指导意见》（以下简称《指导意见》），这是中央出台的第一个关于互联网电商金融监管方面的指导意见。此前，对于互联网电商金融的监管一直处于空白阶段。众多互联网企业纷纷表示：《指导意见》出台只是万里长征第一步，是一个好的开始，但是关于如何深入贯彻指导意见，还需要推进很多细节工作。虽然人民银行会同金融监管部门按照职责分工实施监管，并制定相关监管细则，但具体细则和实施时间并未明确。与此同时，面对电商金融的快速发展，如果仍是各管一摊，缺乏相关部门的协调配合，这种监管模式可能无法应对变化，也会让传统金融机构感到不公平。

（三）电商金融规避信用风险的不彻底性

电商金融信用风险和传统金融一样，产生的主要原因是借贷双方之间的信息不对称问题。因此，若要彻底消除信用风险，就必须使信息完全对称，然而电商金融虽然可以利用大数据等技术降低信息不对称程度，但是并不能彻底消除信息不对称问题。

电商金融企业无法彻底规避小微企业融资的信用风险，可以从以下两个方面来理解。其一是电商金融的融资信贷交易都是通过线上虚拟的计算机网络发生的。基于电商金融开展的所有融资交易活动，如果离开了电子信息，都无法顺利完成，但是这种电子信息没有真实世界作为依托，融资客户的信用程度得不到真实、准确的评估，如果小微企业内部经营管理不完善，并缺乏信用意识，缺乏相应的还款能力和还款意愿的时候，就会产生信息不对称的问题。其二是我国的社会信用系统不够完善，行业内的电商金融企业之间并没有建立统一信息共享机制，这将导致信息不对称问题加剧。电商金融企业绝大多数都依靠大数据系统对小微企业进行信用等级分析，这些大数据信息的真实性无法保证。电商金融主要提供信用贷款，缺少合格抵押品，导致违约风险加大。如果一家小微企业同时在多个电商平台注册，进行交易，并向多个电商金融企业申请贷款，当小微企业发生违约现象，因为电商平台之间没有信息共享机制，其他电商平台无法第一时间得知这种违约风险，这种情况会加大信用风险的传播和影响程度。

第三节　基于电商金融小微企业融资的策略研究

一、政府层面的策略

（一）构建有效的合作监管体系

1. 明确电商金融监管主体，加强各监管部门的协同合作关系

电商金融不仅涉及电商平台本身，还涉及电商小额贷款公司、银行、证券、货物运输、信息产业等众多不同地区的不同部门，因此政府应建立一个专业部门作为监管主体，相关金融、信息、商务等部门作为辅助监管部门，各部门必须明确监管责任，做出详细的监管计划，并严格执行，互相协调配合，避免多头监管、空白监管，从而对电商金融的各项资本业务进行有效监控。

2. 建立适度监管原则，鼓励创新

电商金融模式尚处于发展初期，政府应当给予足够的发展期用来进行数据的积累，对于小微企业融资服务的方式应当采取宽容的态度，对于可以控制的风险给予一定程度的容忍，肯定电商金融从业人员的创新精神和创新能力，在确保监管充分的前提下，鼓励电商金融企业创新出更好的金融产品。

（二）建立并完善电商金融法律体系

为了电商金融的健康发展，我国需制定专门的电商金融业务相关法律，规范电商金融的各项业务。其一，需要通过法律对电商金融企业的地位给予界定，对其经营范围予以规定，对电商平台从事金融服务进行严格审查，规定电商金融企业的准入条件。其二，制定小微企业利用电商融资的法律，规定电商平台，资金提供方、小微企业的相关权利和责任，对于涉及违规，违法经营以及到期不还款等行为制定出合适的处罚规则，保证小微企业线上融资依照相关法律顺利进行。其三，关于电商金融的配套法律必不可少。例如，融资客户个人信息的保护措施、信用体系的建立标准、电子签名是否有效等，用法律的手段切实保护各参与主体的利益。

（三）加快建设社会信用体系

目前，我国的社会信用体系并不完善，已经阻碍了电商金融的健康发展，因此尽快建设成熟、可靠的社会信用体系势在必行，必须实现征信信息的共享。其一，要降低电商金融虚拟性所带来的信用风险，需加快电商金融征信系统建设，建立电商金融信用数据统一平台，实现电商金融信用数据共享。其二，允许电商金融涉入央行的征信系统中，使电商金融企业能够结合电商金融自身的征信系统和央行外部数据征信系统，全面了解小微企业的真实信用状况，降低电商金融的融资风险。

（四）推动电商金融建立行业自律组织

行业自律相比于政府监督的优势在于效果明显、自觉性强、作用范围大。是对监管部门的有效补充，因此政府应该进行积极指导，推动电商金融行业自律组织的形成和良好发展，提高行业透明度。监管部门可以逐渐将国家相关政策渗透到自律组织中，明确电商金融的行业准入门槛条件、融资业务基本性质、融资客户个人信息的披露制度、融资客户发生违约后的有力惩罚机制，推动统一的信息公开平台建立并发挥重要作用，将违规的小微企业的信息在行业内进行公开披露，使电商金融企业面临资金损失的各项风险达到一个最低水平，尽可能降低电商金融风险，为电商金融企业的发展以及电商金融整个行业的发展提供良好的经济发展环境。

二、电商金融企业层面的策略

（一）加大宣传电商金融融资模式，扩大融资客户范围

电商金融是新生事物，融资过程都在虚拟的平台完成，对于众多的小微企业来说，由于担心风险过大而不敢尝试，对其仍持谨慎的态度。因此需加大宣传并推广电商金融融资模式，让小微企业认识到电商融资的安全性和有效性，有助于快速解决资金短缺问题。同时，电商金融企业需要帮助小微企业熟悉电商融资的操作流程，了解电商金融潜在的风险及如何防范，使电商金融成为解决小微企业融资问题的有效途径。

（二）引进高水平金融人才、开发多渠道融资产品

电商金融展开的各种融资服务都是通过互联网和计算机技术实现，这个过程需要工作人员拥有更多的计算机操作技术。因此，电商金融企业需要引进高

水平的金融人才。同时，电商金融企业需要针对小微企业融资特点，根据经济环境的变化，开发多渠道、多层次的融资产品，为小微企业提供更好的融资服务。

（三）完善大数据、云计算技术，确保大数据的真实性

电商金融的核心就是利用大数据、云计算降低信息不对称，实现风险的有效控制。因此，大数据的真实性对电商金融的发展至关重要。电商金融企业应该进一步加大技术投资力度，完善大数据、云计算、移动支付等新技术，开发具有自主知识产权的电子商务硬件和软件，加快信息基础设施建设，实现大数据资源共享。同时，应加大小微企业虚假交易致使大数据失真行为的惩罚力度，确保大数据真实可靠。

（四）与银行合作，多渠道聚合标准化资本，提供充足资金

电商金融需要加快创新步伐，拓宽资金来源渠道，掌握更多贷款资金。例如，京东供应链融资，平台作为担保，提供授信，利用银行资金为平台供应商提供融资服务。

（五）注重风险管理，确保客户资金和信息安全

电商金融企业在进行创新产品研发时，应注重金融风险管理，利用风险控制机制和技术手段保证客户的资金安全、信息保密和交易保密。

三、小微企业层面的策略

（一）加强企业信用文化建设，塑造企业信用好形象

电商金融中纯信用模式属于无抵押贷款，融资过程能否顺利完成主要取决于小微企业的信用程度，电商平台和小额贷款公司会对小微企业的信用风险进行评级，信用好的小微企业更容易通过贷款审核，甚至可以获得更低的贷款利率等优惠。因此，中小企业必须加强自身的信用程度，优化企业内部管理制度，加强企业信用文化建设，塑造一个拥有良好信誉的企业形象，为电商金融的健康发展营造一个良好的信用环境，降低电商金融的特殊风险，形成良性循环。

（二）增强电商融资意识，提高资金管理水平

目前，电子商务发展迅猛，电商金融为平台上的小微企业提供了良好的融

资环境，有效地解决了小微企业融资难。小微企业必须抓住机遇，增强利用电商金融融资的意识，分析企业自身的状况和特点，积极了解电商金融产品，主动参与到电商融资过程中来。同时，小微企业自身要持续地完善经营模式，提高企业核心竞争力，完善资金管理水平。

第四节　电商金融解决的案例分析

一、电商金融解决融资难的问题——以阿里金融为例

阿里金融是电商金融最为典型的代表，它的小额信贷业务的客户群体主要包括 B2B 会员企业、淘宝网和天猫平台上注册的个人消费者、第三方店铺等小微企业，这些信贷业务大部分都是没有担保、没有抵押品的纯信用贷款，使众多平台上的小微企业的融资需求得以实现。电子商务平台上的小微企业没有足够的线下交易运营数据作为支持，并缺乏相应的固定资产作为担保，因此在现实中面临更为严重的融资困境。然而，这些小微企业在阿里巴巴平台上通过线上交易记录下来的大数据，包括商品上线过程、销售量及消费者评价体系等，能为它们在融资时提供信用证明。阿里金融基于自身的优势，用互联网和大数据开展金融融资业务。

（一）阿里巴巴平台资源

阿里集团拥有强大的电子商务平台资源，对这些资源的充分发掘和利用是阿里金融顺利发展的坚定基础。

阿里国际：全球 B2B 电商平台，注册用户 2940 万，企业商铺 250 万。

阿里巴巴：国内 B2B 平台，注册用户 580 万，企业商铺 840 万。

阿里金融：包括支付宝和阿里小贷。其中支付宝已经逐步发展成为中国最具有影响力的第三方支付平台。阿里小贷旗下创立了两家电商小额贷款公司，一是浙江阿里巴巴小额贷款公司，于 2010 年 6 月创立，当时的注册资本是六亿元人民币，它是中国首个电商小额贷款公司；二是重庆阿里巴巴小额贷款公司，于 2011 年创立，它的注册资本比浙江小贷公司多，是十亿元人民币。

淘宝网：C2C 网购平台，拥有五亿注册用户。

天猫网：B2C 购物平台，与淘宝网共享客户资源。

阿里云：云计算服务开发商，负责电商大数据的收集、处理，定制化的数

据服务。

(二) 阿里金融信贷产品优势分析

1.100 万元以下的贷款额度

100 万元以下的贷款可以基本满足小微企业周转资金，进行内部建设的投资需要；而银行等正规金融机构单笔贷款额度普遍在 100 万元以上，无法实现和小微企业资金短缺程度小这一需求的完全对接。另外，凭借"快进快出"、贷款周转率高的模式，阿里金融利用较少的资金达到较高的累计放贷金额。

2. 手续简便，放贷速度快

阿里金融全年无歇，随时随地可以放款和还款。对于资料齐全的申请者，系统通过审核后最短三分钟，最长申请七天后放款。整个过程全通过互联网受理，手续方便，也减少了申请者用于交通等环节上的时间和金钱成本。

3. 无需抵押担保

小微企业融资缺乏充足的抵押品，但是阿里金融通过信用贷款模式解决了这一难题，因为信用贷款模式不需要小微企业提供任何抵押物和担保人。而对于订单贷款，小微企业在申请贷款时也只需要提供订单号或者发货单，该项规定清除了小微企业信贷融资过程中抵押担保这一最重要障碍，进一步简化了贷款前的申请和审批过程，有效降低了小微企业的融资交易成本。

阿里巴巴的小额信贷产品实现了与银行信贷产品的差异化，专注于小微金融服务这一细分市场。

(三) 阿里金融大数据优势分析

阿里巴巴凭借大数据和云计算技术，降低了借贷双方信息不对称的程度和融资成本，并形成了完整的风险控制体系。因此，对大数据的充分利用是阿里金融获得成功的基础和核心。

首先，阿里金融根据以上的电商购物网站，保存了所有网上店铺大量的与交易相关的信息和数据，包括交易状况、客户评价等级、物流更新数据等，阿里金融同时拥有了网上店铺的资金流量状况和小微企业每日产品销量情况、获得订单数额、消费者投诉部分、仓储商品周转率等整个运营情况。

其次，阿里金融通过对云计算等计算机技术的应用，可以随时随地获取数据信息，并能够及时地对数据进行进一步分析与深度处理。由此可见，平台上的小微企业在阿里平台上拥有很高的透明度。

（四）阿里金融低成本优势分析

首先，阿里金融降低了客户的搜索成本。阿里金融的电子商务交易数据库具有自动生成的功能，采集获取信息的成本是超低的，甚至是零成本。

其次，阿里金融降低了交易成本。阿里金融拥有支付宝作为平台支撑，发放贷款和收回贷款资金的过程都离不开支付宝平台的应用。支付宝拥有很大的低成本优势，目前，支付宝与全国 200 家以上的金融机构有业务来往，与 50 万家以上的商户是合作关系。支付宝的交易手续费可以做到 3‰，甚至有可能更低，而传统银行的刷卡消费的交易手续费足以超过 3%，支付宝的交易成本优势十分明显。

最后，阿里小贷降低了服务成本和交易成本，单笔信贷成本较低。通过数据统计可知，银行的单笔信贷交易成本高达约 2 000 元人民币，相比之下，阿里金融的单笔信贷交易成本可以降低到两元人民币左右，是传统银行的千分之一。

（五）阿里金融风险控制优势分析

阿里金融建立了一套完整的风险控制体系，在贷前、贷中、贷后三个环节完美配合。

1. 贷款前

阿里金融深度分析电商平台上保存的交易数据，对融资客户先进行分类，对平台上经营时间长、诚信度高的客户实行授信制度。目前，阿里金融的授信制度已经普及到 200 万家商户，旨在让融资信贷资源被更多的小微企业所享受。

2. 贷款中

需要贷款的小微企业在贷款时不需要提供担保或抵押，主要原因是阿里金融基于大数据和云计算技术，通过量化分析模型，对小微企业是否具备足够的还款能力和较低的信用风险进行尽可能精准的估量。

3. 贷款后

阿里巴巴对借款人的资金流量、客户评价状况等数据进行全程监控，一旦借款人有异常情况发生，系统会自动识别，并且从该借款人的支付宝账户及时扣出相应借款资金。与此同时，阿里金融推出了信用恢复制度，如果小微企业面临坏账的情况，但是其建立的交易数据等信用信息是真实的，同时未来有现金入账的可能性，那么阿里金融会向其提供必要的帮助，使这样的小微企业能够恢复还款能力。

二、电商金融解决融资难的问题——以"京保贝"为例

(一)"京保贝"的定义及定位

京东"京保贝"电商金融产品是京东金融最先推出的为中小企业融资的电商金融产品。京东金融通过对相关企业的交易信息、财务信息以及所售产品的质量信息等方面的信息收集，再通过大数据整合整理，对申请融资的中小企业进行信用评级，进而对其发放信用贷款。而且京东"京保贝"电商金融产品还可通过"应收账款融资"以及"订单融资"分别对B2C电商平台的供应商、B2B平台的会员企业进行质押融资。

因此，京东"京保贝"电商金融产品的定位为：主要为中小企业提供融资的，集信用贷款、质押贷款为一身的电商金融产品。

(二)"京保贝"的风险控制特点

京东"京保贝"电商金融产品的风险控制主要由两方面构成：一方面，京东之前通过与银行合作开展供应链金融，积累了大部分供应商的相关财务资料、采购及销售信息、货物来源等信息；另一方面，京东通过B2C电商平台，通过消费者对所购产品的评价，能够对相关供应商所提供的货物质量有一个较为清晰的认识，同时，对产品货物质量的分析，使京东能够更深刻了解供应商的一些道德品质等传统金融机构所不能收集的信息；而对于B2B平台，京东可以通过会员企业的交易信息以及消费企业对相关产品的评价能够评估出相关会员企业的信用等级。通过以上两方面，京东金融可以较为透彻地分析出申请融资的中小企业的信用等级，酌情为企业融资。

京东"京保贝"电商金融产品作为京东金融推出的第一款电商金融产品，旨在服务中小电商企业，缓解中小企业资金需求。京东金融发展至今，"京保贝"的作用功不可没，京东金融对中小企业融资的后续产品都是以"京保贝"的风险评估模式为基础，为进一步弥补"京保贝"的不足而逐步研发出来的。因此，"京保贝"对京东金融意义巨大。

所以，无论对于京东金融自身还是对于缓解中小企业融资困境来说，"京保贝"电商金融产品都具有其不可代替的独特性。

(三)"京保贝"的融资方式与特点

京东"京保贝"用融资针对B2B的融资分为信用融资、应收账款融资、订单融资三种。其中信B2C两种平台上企业，而应收账款融资针对的是B2C

平台，订单融资针对 B2B 平台。应收账款融资又分为单笔应收账款融资与应收账款池融资。订单融资也分为单笔订单融资与订单池融资。

1. 信用贷款

（1）针对 B2C 平台的信用贷款

京东最早对自己的定位就是 B2C 商城，通过多年的经营，与大量的供货商合作，积累了海量的供货商的交易信息，京东的供货商如果有融资需求后，可以通过"京保贝"进行融资申请，京东金融可以凭借该供货商的采购、财务、销售等数据，通过大数据整合，评估出可以授信的额度，在线完成自动化的风险审批、控制以及放款，从申请融资到放款仅仅需要几分钟，并且无需抵押或者担保。

（2）针对 B2B 平台的信用贷款

B2B 平台本身不销售商品，而是京东的会员企业通过京东平台对外销售商品。而有采购需求的企业通过京东发布的信息，联系京东上的会员商户，通过京东 B2B 平台，完成交易。这样京东就累积了大量的会员企业的交易信息，会员企业有融资需求时，就可以在线申请"京保贝"融资，京东金融整合企业的相关交易、财务信息后，会核算出信用额度，在额度内提供贷款。

2. 应收账款融资

（1）单笔应收账款融资

当京东的供应商向京东提供较多的货物，需要融资时，只要货物进入京东指定的仓库后，京东的供应商即可就这笔货物的应收账款向京东提出融资要求。这种融资方式试用与大型购物节前，京东商城需要囤积大量货物时。特别像京东"6·18"购物节前，京东需要囤积大量商品，会下给每个供货商大量的货物订单，单笔应收账款数额巨大。如果此时供应商资金周转不开，可以向京东金融提出"京保贝"融资，京东金融可以分析此供应商此次供货数量与价值，按一定比例贷款给此供应商，达到缓解供应商资金困境的目的。

供应商可以选择两种还款方式：一种是京东金融直接从货款中扣除所借本金与利息，将剩余资金打到供货商企业账户中；另一种是京东商城直接将货款打到供货商企业账户中，然后，企业可根据自身资金情况，制定还款计划。

（2）应收账款池融资

当供货商单笔应收账款数额较小时，可以选择应收账款池融资，只需将日常分散的、小额的应收账款集合起来，形成相对稳定的应收账款余额"池"，通过应收账款池融资通道申请"京保贝"融资服务。京东金融会核算"池"中相关应收账款，以相对于单笔应收账款较高的质押率贷款给申请的供应商。而且贷款利息相对较低，最低可达到日息 0.025，约合年利率 9.125。融资期限达 90 天，且一次签约长期有效。

3. 订单融资

（1）单笔订单融资

当 B2B 平台上的会员企业与采购商产生较大额订单，或者是会员企业近期订单数较少时，可通过"京保贝"的单笔订单融资，当订单形成，并显示已发货后即可申请"京保贝"融资业务。申请"京保贝"业务后，京东金融课调取京东商的相关订单数据，根据该公司以往信用记录，按照一定的质押率给该企业提供融资，当采购商收货付款后，京东商城直接将本金以及利息扣除，并偿还该企业该笔贷款，然后将剩余贷款打入该企业账户。当该企业有多笔单笔订单融资时，每笔订单货款只偿还该笔订单融资贷款。

（2）订单池融资

当 B2B 平台上的会员企业近期订单较多时，或者是订单金额较小，可将分散的订单汇聚成"订单池"，这种"订单池"比单笔订单稳定，因此可以获得更高质押率的贷款。而且，"池"中每一笔订单只对应这一笔订单融资。当"池"中部分订单完成付款后，即该部分订单融资结束后，该企业可以添加其他订单到"订单池"中，进而可以循环授信，更便利地获得融资。

综上所述，京东"京保贝"产品是集信用贷款与质押贷款为一身的电商金融产品，能够相对便捷、快速地为有融资需求的供应商或会员企业融资，而且以一种相对较低的贷款利率贷款给申请贷款的企业。因此，京东"京保贝"电商金融产品能够有效地缓解与京东相关联的中小电商的融资困境。

（四）"京保贝"的优势

1. 征信优势

京东的每一个供应商在京东的数据库都有一份自己的档案，京东按照传统金融的思路，从传统的征信管理方式出发，借鉴金融机构产品线进行供应链金融信用管理，借鉴的产品线主要是金融机构的订单融资、保理等，使用企业的发票、物流单据作为主要依据，对企业进行评级。之后，京东发挥物流优势，由于京东商城使用自有的物流体系，因此获取的信息更加真实，使征信数据源进一步扩展。而随着京东金融后续小额贷款业务的推出，如果企业想要获得"京小贷""网商贷""动产融资"等业务的融资服务，就会把更多的企业数据交给京东，而这个过程对于京东来说几乎是免费的。这些后续产品的推出，不只增加了企业对于京东的依赖性，还使京东获得了更多的关于企业的数据，为京东的大数据整合提供了海量的资源。

与传统的征信体系相比，京东的征信体系能够更准确地获得相关企业的信息。京东征信不仅积累了包括商户历史交易数据、信用记录等内部数据，还囊括了税务、海关、人民银行征信记录等外部数据，比企业现实中公开发布的数据更真实、更有社会价值。而且，京东使用的是自有物流，能够有效地控制刷单等现象，更能清楚地掌控企业的订单、交易情况。

2. 风控优势

传统的风控模式主要有贷前的项目选择、审查，放贷过程严格控制，以及放贷后积极监管。其中，贷前审查主要还是关注企业的抵押品是否充足，以及抵押品的变现能力。贷后积极监管防止企业发生道德风险。而京东"京保贝"产品与传统商业银行贷款最大的区别就是：京东利用庞大的交易数据建立了无需抵押与担保的信用征信体系。依靠"大数据"技术对申请融资企业的经营数据、财务数据进行反复推演和验证，建立起一套良好的对风险的控制机制。包括：贷前对申请企业的信用资格审查、评级；贷后对资金监控；款项到期时对还款企业还款能力的评估。对于 B2C 商城模式下的供应商来说，京东是供应商巨大的合作伙伴，如果因为拒还欠款而失去京东这样一个销售渠道，是得不偿失的。因此，京东"京保贝"为 B2C 模式下的供应商提供更低的还款利率，以及更灵活的还款时间；而对于 B2B 平台上的会员企业，京东金融则授信相对谨慎，并且需要企业更长期的交易记录（相对于 B2C 供应商而言）以及订单质押，由于 B2B 平台上的会员企业的订单都是通过京东商城进行签订，而且通过京东自有物流运货，京东可以清楚地知晓企业的订单完成情况，而且由于是通过京东自有物流，能够较为有效地控制刷单现象。这样，京东就可以不像传统金融机构亲力亲为地对每笔融资的贷后跟踪，而且效果还要比传统金融机构的贷后监管效果要好，这样既降低了监管成本又降低了贷后风险。

与传统金融机构的融资风控相比，京东"京保贝"电商金融产品在对中小企业的信息收集（包括交易信息、采购及销售信息、商品质量等）、大数据分析等方面占有较大的优势；而与"阿里小贷"等小贷产品相比，京东在开展供应链金融时期所累积的企业信息，是小贷公司无法收集的。因此，京东对于风险控制方面的优势较为明显。"京保贝"属于类供应链金融模式，是京东根据之前与银行合作进行的供应链金融的基础上推出的，其中京东将传统供应链金融的资金提供方（即银行）改为京东金融本身，即京东金融代替了银行在供应链金融中的位置，与小额贷款模式的电商金融相比，这种类供应链金融模式可以为申请企业提供更高的授信。而且，由于其结合信用融资与质押融资于一身，"京保贝"这种类供应链金融对风险的控制要强于小额贷款。

3. 融资成本优势

京东"京保贝"产品通过京东商城，能够轻易获得申请融资企业的以往以及实时交易信息，对企业的营收、支出状况较为清楚，相对于传统金融业而言，京东"京保贝"产品与企业的信息不对称程度相对较低，能够较大程度上降低贷前的"逆向选择"与贷后的"道德风险"，从而避免了大量的调查、监督等成本。正因为京东的融资成本较低，京东可以给申请融资企业相对较低的贷款利率，这对于需要资金的中小企业来说更有吸引力。

而且，"京保贝"的放款速度明显优于传统金融机构，传统金融机构需要大量的贷前审查，即使通过供应链金融融资，亦需要三至七天才能放款。而"京保贝"产品，从企业申请到发放资金仅需几分钟。从这方面来看，"京保贝"大量节省了企业的时间成本，更快速地解决企业的资金问题。

4. 客户优势

京东"京保贝"产品主要针对京东 B2C 商城模式下的供应商以及 B2B 模式下的会员企业，由于资金融入企业都与京东有合作关系，因此相比于 P2P 模式下的网络借贷，风险较低。而且，京东现有近 90 000 供货商，且大部分都需要融资，而京东"京保贝"产品为其供应商以较低利率提供贷款，使资金融入企业资金链得以延续的同时，京东金融的自有资产得到了相对安全、高回报的投资，还使其供货商对京东产生黏性效应。

5. 还款优势

相对于商业银行较为固定的贷款期限，京东"京保贝"电商金融产品的还款比较灵活，除了要求最低还款期限 15 天，与最高还款期限 90 天外，没有其他的附加要求，没有提前还款的违约处罚。同时，对于 B2C 模式下的供应商来说，由于京东金融对于供应商的融资风险控制能力较强，供应商的还款可以更加灵活，可以在京东商城对其所供应的商品支付账款后，不必立即归还贷款，对于信用较好的供应商甚至可以展期 30 天。因此，申请"京保贝"融资的企业还款更为灵活。

相对来说，"京保贝"模式的类供应链金融风险较低，审查也相对严格，而我国互联网金融发展重心就是要健康地发展互联网金融，因此，"京保贝"的发展前景较为广阔。

(五)"京保贝"缓解中小企业融资困境分析

京东"京保贝"电商金融产品与传统金融机构相比，对缓解中小企业融资困境的帮助主要从两个方面来实现：一方面是降低信息不对称，另一方面是降低融资成本。

阻碍传统金融机构对中小企业融资的主要因素就是信息不对称。与传统金融机构相比，京东"京保贝"的产品借助互联网平台发布、收取信息的易接触行与广泛性，采集申请融资企业散落在互联网上的琐碎的交易信息，通过大数据整合成能够用来评估企业信用等级的实用的信息，即将模糊的"软信息"整合为"硬信息"弥补中小企业"硬信息"不足的缺点，在这一点上京东金融有传统金融机构无法比拟的优势。完成对中小企业的信用评级，就可以有选择地对优秀的中小企业提供融资，同时实现资源的有效配置，增加社会总体福利。

而且，商业银行的贷款原则多为"二八法则"，即20%的贷款带来80%的利润，原因在于：商业银行对中小企业贷款的贷款成本与对大型企业贷款的成本相差无几，而大型企业需求的资金相对较大。例如，银行贷出一笔1 000万的资金，其成本必然远小于贷出20笔50万的资金。而京东"京保贝"却不存在这种情形，贷款全程都是线上操控，而且资金融入企业的数据早就已经在平台上有所体现，通过大数据的整合、处理，能够较为真实地体现中小企业的经营状况，信息甄别的成本要远小于传统商业银行贷前审查成本，因此京东"京保贝"电商金融产品能够较好地为中小电商企业服务。

而与小贷平台相比，"京保贝"的最大优势就是较低的贷款利率以及可以提供更大的贷款资金额。目前，小贷产品的贷款额最高一般在50万元人民币，而"京保贝"由于风险相对可控，其授信额度最高可达到千万级。而且，小贷产品的贷款利率大概在18%左右，而"京保贝"的贷款利率则保持在10%左右。因此，较高的贷款额度以及较低的贷款利率使"京保贝"对缓解中小企业融资困境的帮助更大。

第八章　第三方支付理财产品

　　第三方支付理财产品是支付平台与货币基金在技术上的嫁接，实质为互联网金融创新，这种零手续费、高收益、低门槛和有较强流动性的理财产品如今在市场上受到欢迎。本章主要从第三方支付理财产品概述、第三方支付理财产品监管的理论基础、中国第三方支付理财产品监管机构与制度、第三方支付理财产品的案例分析等四个方面来分析介绍第三方支付理财产品。

第一节　第三方支付理财产品概述

一、第三方支付理财产品的内涵

　　第三方支付是指："运用信息网络、电子货币及电子认证技术，提供个人、企业和机构用户之间支付结算、资金清算等货币资金转移及其延伸业务，从而实现电子交易中资金流与信息流高效匹配的非银行金融中介服务机构。"①它发展至今，市场份额逐年增大、技术不断趋于娴熟、客户以青年网民为主转变为各种年龄主体并存、业务范围从起初单一的买卖合同支付中介向借贷和投资理财等多元化发展。第三方支付理财产品是支付平台与货币基金在技术上的嫁接，借助于支付中介的稳定客源，实现低成本、高流转和高收益的线上交易资金增值方式。余额宝是第三方支付理财产品的代表，从实质属性来看，是一种互联网金融繁衍产品，它与银行、券商理财都是吸收客户资金用来投资，一段期限后按照合同约定给予客户一定收益的行为。前者在中国通常归为电子商务理财、非正式金融或互联网金融领域，后者一般被纳入正式金融或传统网点金融范畴。

---

　　① 朱晓明. 支付革命：互联网时代的第三方支付 [M]. 北京：中信出版社，2014.

第三方支付主要业务包含网上银行、买卖支付中介、借贷以及最新推出的理财产品。这种理财产品的实质是基金公司与第三方支付平台相结合，借助第三方支付平台巨大的网购客户资源，基金公司充分利用客户的零散资金用于货币基金投资，客户分享收益，从而实现网购和小额理财统一的一系列行为。第三方支付平台在此过程中以代理人的身份出现，只是充当一般媒介的作用，通过广告和网页告示引导自己的用户转账办理理财增值业务，再把资金信托给基金公司，基金公司通过银行协议存款、国债和股票等投资，最后第三方支付平台从基金公司的最终投资收益里面获得相应份额。

二、第三方支付理财产品的特征

相比传统银行、券商理财，第三方支付理财产品有以下特征。

（一）收益高

一般情况下，银行年活期存款利率为 0.35%，余额宝等第三方支付理财产品的年收益为 4% 左右，收益最高曾一度达到 7.5%，在这种利益的驱使下客户更愿意选择收益较高的互联网金融理财产品。

（二）客户稳定性高

支付宝用户不一定是余额宝用户，但余额宝用户一定是支付宝用户，余额宝正是得益于庞大的第三方支付平台走向繁荣。在互联网金融理财产品中，电子商务支付平台与基金公司的合作，加强了用户的共享性和黏合性，用户不仅较为方便地利用支付信用平台进行交易，而且通过电商的引导理财得到收益。其他理财产品一般是凭借信用、收益、网点和广告宣传等方式获得用户的投资。相比而言，互联网金融理财产品具有稳定的客户。

（三）流动性较好

第三方支付理财产品的蓬勃发展除了高收益和稳定的客户外，快捷的变现能力也是一个重要因素。例如，第三方支付理财产品——余额宝的流动性分为 T+0、T+1 和 T+2 模式，即每日累计从余额宝转出金额不超过五万元，可以实现两小时之内转账；日累计转账金额超过五万元且在工作日 15 时之前提出转账申请的，余额宝将在下一个工作日兑现；日累计转账金额超过五万元且在工作日 15 时之后提出申请的，余额宝将在下两个工作日提现。银行的活期存款提现则要到网点柜台或手机客户端申请，程序较为繁琐，流动性不如余额宝好。

（四）门槛低

余额宝的创新在中国货币基金理财行业是独树一帜的，传统的理财机构为银行和证券公司，但银行只接受持有五万元人民币以上资金的客户，门槛较高，券商理财需要提取一定比例的中介费，而如第三方支付理财产品——余额宝则是一元起底，无手续费，突破了传统的营业与销售模式。

三、第三方支付理财产品的法律关系

清晰和模式化的法律关系可以把错综复杂的社会现象纳入法律的调整范围，立法者正是通过立法分配给不同主体权利与义务，社会主体按照法律规定的权利与义务开展社会活动，裁判者借助法律关系援引相关法律规范解决各类纠纷，这就是法律运行的一般过程。通过详释客户、第三方支付平台、货币基金公司、监管机构相互间的法律关系，研究互联网金融及第三方支付理财的运作模式，为国家监管机关加强风险防范和业务指导提供有力依据，也为第三方支付理财产品走向规范化道路设置了制度保障。

（一）主体

1. 客户

在第三方理财产品法律关系中，客户具有双重属性，以余额宝为例，《余额宝服务协议》第七条规定："您授权在您开通余额宝服务的同时，将余额宝增加为支付宝为您提供的各类代扣服务的扣款资金渠道之一，可使用余额宝作为代扣资金渠道的具体代扣服务以支付宝实际向您提供的为准"。余额宝是支付宝的附属业务，二者使用同一系统，用户登录余额宝必须先要得到支付宝账户认证。当然，余额宝客户必定是支付宝客户。余额宝不做支付中介，不是电商平台，而是一款理财增值服务，客户自愿决定是否把支付宝里面的余额或商业银行储蓄卡资金转入余额宝，如有网购消费和回赎需求，客户在遵守余额宝相关协议的前提下，可以自由消费和转出。客户在整个理财交易过程中是一个发起者，也是终结者。

2. 第三方支付平台

在网购消费之类的电子商务活动中，第三方支付平台是一个独立于买方、卖方和银行的中介机构。以支付宝为例，买方网购拍下物品，生成订单进入支付环节，买方的货款会通过第三方支付平台与银行达成的网关，如网上银行、便捷支付等途径转入支付宝，支付宝则通知卖家已收货款且要求卖方按合同约定发货至买方，买方收货后通过密码或身份验证告知支付宝，最后支付宝把货

款转账给卖方。客户参与余额宝的理财过程中第三方支付平台的作用不再是网购买卖双方的信用中介。简言之，就是支付宝凭借多年的商业信誉把自己的客户推荐给它与基金公司共同组成的余额宝，在技术处理上，客户参与理财过程必须得到支付宝的验证，支付宝本身不直接参与理财过程。

3. 理财产品

此处理财产品特指第三方支付理财产品，而非银行、基金公司、证券机构单方推出的理财产品。以余额宝为例，余额宝是阿里巴巴公司与天弘基金联合开发的一款理财产品，事实上为投资货币基金的行为，用户将资金转入余额宝就等于购买了货币基金。这种理财产品是第三方支付平台与基金公司的结合产物，第三方支付平台负责资金转入转出信息通知、验证和招揽客户，基金公司负责客户资金的投资事宜，余额宝负责向客户提供资金支付的途径。也就是说，客户按照自己的意思表示转入或回赎资金，余额宝提供支付宝、储蓄卡快捷支付、扫码支付等方式供客户选择。

4. 银行

商业银行在第三方支付理财产品中承担维护客户资金安全、按照指令付款和收款的义务。兴起之初，银行没有对转入理财产品的金额做出限制，随着银行活期存款的流失和大额快捷支付对客户资金安全带来的风险，商业银行调整储蓄卡快捷支付转入第三方支付理财产品的金额。

5. 基金公司

这里的基金公司专指从事货币基金投资的公司。余额宝投资活动中，客户转入资金到余额宝，就视为购买天弘货币基金行为。从现有数据分析，天弘基金公司吸纳投资者闲余资金的较大部分是与银行达成的协议存款，较少部分投资于短期的证券、国债和股票等。基金公司投资行为的成功与失败，决定着余额宝等理财产品用户获得收益的高低。

6. 国家监管机构

国家适度、及时地监管是对市场经济运行出现失灵现象的有效矫正，是一个法治和责任型政府维护经济安全的必然要求，是金融更好地服务于实体经济和发挥杠杆调节作用的有力保障。完善与发展互联网金融不仅要盘活市场和企业的创新能力，而且需要政府提高监管水平和提供一个良好的制度环境。中国互联网金融的监管机构为中国人民银行和证监会两大主体，前者主要是采取业务指导手段来加强监管，后者对第三方支付理财产品实施行政管理。第三方支付理财产品实现了网购与理财的双重结合，但也存在回赎和交易安全等问题，故需要政府有效合理地监管。

（二）客体

法律关系的客体是主体发生权利义务的中介，是主体的权利和义务所指向、影响和作用的对象。通常认为，法律关系客体具体指行为、物、人格、人身和知识产权等，不同法律关系中客体也不尽相同，第三方支付理财法律关系分为平等主体的民事法律关系和隶属性的行政法律关系，那么它所对应的客体应该分为两类：一类是货币这种具有支付功能的一般等价物；另一类是客户和理财机构的市场行为，监管机关做出的具体行政行为和抽象行政行为。

关于货币，现代电子商务理财过程中，客户不会拿现实的货币直接交付给理财机构，也不会到银行网点柜台办理支付业务，而是通过第三方支付平台发出电子指令通知银行转入或转出资金。科技进步与创新提升了现代交易完成的速度，也方便了各方主体的经济活动，无论采用电子指令还是票据的方式，改变了货币流转方式，却改变不了货币作为电子商务理财民事法律关系客体这一事实。第三方支付理财行政法律关系中的客体较为复杂，有理财机构的不作为、违法违规行为，监管机构做出的行政许可、行政处罚等具体行政行为，制定行政规章的抽象行政行为。

（三）具体法律关系类型及内容

1. 民事法律关系

整个经济法是围绕着市场、企业、个人和国家等主体展开的，兼具平等主体之间的法律关系和隶属性的法律关系，市场交易中民商事法律关系要多于行政法律关系，故分析第三方支付理财产品中的民事法律关系是进一步研究监管法律关系的基础和前提。第三方支付理财产品中民事法律关系主要有两个。

客户与第三方支付平台之间的代理关系：从表面上看，客户和支付宝之间似乎是一种居间合同关系，居间合同的构成要件不仅要求居间人向被代理人提供订立合同的信息和媒介，而且被代理人要向居间人支付一定报酬和实施居间行为的必要费用。但客户参与第三方支付理财过程中，转入或回赎资金至支付宝都不产生手续费，显然，这二者之间不是居间关系，笔者认为它们是一种代理关系。支付宝客户注册第三方支付平台用户时，须先阅读相关服务协议，然后使用有效的身份认证比如本人手机号码、邮箱等，注册成功并获得一个虚拟账号，至此代理关系正式成立。这种代理关系其实是一种隐名代理而非显明代理，《民法通则》第六十三条第二款规定："代理人在代理权限内，以被代理人的名义实施法律行为"，虽然《民法通则》只规定了显明代理，但理论界通常认为除了狭义的代理外，《合同法》第 402 条、403 条的规定承认间接代理，即隐名代理。① 因为支付宝这类第三方平台不是金融机构，没有吸收客户存款的权利，当客户把备付金转入余额宝时，真的交易主体是客户和基金公司，支付宝的余额宝业务只是以自己的名义为被代理人理财。

第三方支付平台与基金公司之间的信托合同关系：分析支付宝与天弘基金之间信托关系之前，先要弄清楚备付金的所有权。备付金的权属问题在理论上早有争议，但《非金融机构支付服务管理办法》的颁布，其中第二十条规定："支付机构接受的客户备付金不属于支付机构的自有财产。支付机构只能根据客户发起的支付指令转移备付金。禁止支付机构以任何形式挪用客户备付金。"进一步明确了支付机构不是备付金的所有权人，那么真正的所有权人应该是客户。信托合同关系的成立需要具备四个要素：合同缔约一方有相关知识和专业优势、擅长信托投资业务，信托财产的转移，委托人与受托人之间存在信赖关系，有明确的受益人。电子商务理财过程中，委托人支付宝看准天弘基金的投资业务，以每位客户为受益人，与其建立信托关系。

2. 行政法律关系

国家运用行政手段管理第三方支付理财便产生了相应的行政法律关系，可以说行政法律关系贯彻互联网理财的前、中、后过程。第三方支付理财推出前，国家就有相关的准入制度。例如，《证券投资基金销售管理办法》第九条规定的技术、设备，第十六条和十七条规定的行政许可等；理财运行中挪用备付金等行为受到监管机关责令暂停和终止销售的行政处罚。目前，中国互联网金融监管法律体系还未形成长效机制，一些规制条款是建立在注重安全、忽视效率的传统理念上，导致行政法律关系比较凌乱。

3. 内容

对于互联网金融消费者来说，除享有《消费者权益保护法》规定的知情权、安全权、公平交易权、索赔权、监督权、受教育权和结社权等外，还应享有《互联网信息服务管理办法》和《非金融机构支付服务管理办法》规定的网上交易隐私权。对于经营者来说，由于消费者权益保护立法具有倾斜性，中国立法也直接规定了经营者的义务，所以消费者的权利相对应的是经营者的义务。具体来说，经营者具有安全保证、信息披露、商品担保和售后服务等义务。在中国互联网金融消费者权益保护立法不足的现状下，《消费者权益保护法》规定的基础性权利和义务在司法实践中的运用非常广泛。

---

① 郭明瑞. 民法 [M]. 北京：高等教育出版社，2007.

四、第三方支付理财产品存在的问题

（一）回赎资金问题

流动性是研究货币基金中的一个重要概念，最早在英国经济学家凯恩斯的《就业、利息和货币通论》中提到并阐述，后经诸多经济学家研究和引申，现通常认为是资金在正常市场情况下的变现能力。[①] 从流动性的内涵来看，时间、价格、市场决定资金流动性规模的大小。当价格和市场因素保持稳定时，花费时间越长，资金流量率越高。同理，当其中两个量达到恒定时，变量的波动与资金流量率成正比。另外，资金流量还受外部性影响，这种影响具体表现为：假定某个体回赎资金带来的收益大于申购，此时，其他个体未回赎，负外部性就产生了。因为市场内的资源和利润是有限的，某个体获利是建立在其他个体负债的基础上。正外部性是某个体赎回本来是不利于投资的行为，剩余主体获利，此消彼长的现象。

目前，开放式货币基金占据主要市场的一个重要原因是其具备良好的流动性，同时流动性也为客户、基金公司和市场带来巨大风险。

（二）交易安全问题

互联网金融在促进经济发展的同时，对网络安全技术和社会诚信体系提出了更高要求。当今社会，交易安全已不再是一个单纯的技术问题，而是一个亟需法律监管的社会问题。不久前，出现多起因客户余额宝账户被盗引起的资金丢失事件，这些案例都为余额宝交易安全发起挑战。

为什么会存在这样的安全隐患？我们首先要从网络技术方面对余额宝理财进行分析。余额宝是支付宝的一款增值理财业务，和支付宝使用同一系统。如果是一个老客户，登录支付宝就可以顺利进入余额宝理财，不需要进一步的身份验证，新客户初次体验余额宝时需要有效的身份验证。两者间系统不独立，导致客户支付宝账户被盗很可能引起余额宝资金的丢失。此外，只有大额资金转出才会获得手机短信验证，使得小额资金被盗很难察觉。要解决这一问题，在技术上最好设计两个独立的系统或不同的身份信息验证。其次，中国互联网金融技术安全监管方面的立法比较滞后，发生被盗案件通常按照《刑法》第二百六十四条盗窃罪处罚。但在效果上，经济领域内的技术性监管立法要比刑事惩罚性立法好得多。

---

① 薛强军.开放式基金流动性及风险管理［D］.杭州：浙江大学，2007.

（三）利率市场化问题

利率市场化是市场经济发展完善的产物，其实质为市场逐渐取代货币当局成为利率定价主体的发展过程。中国金融改革进程中利率市场化是重要一环，这种趋势不可逆，只是时间问题。面对逐步推进的利率市场化进程，不同主体的适应性存在差异，大型商业银行有丰厚的资本储备和业务费用，适应性较强，小型货币基金理财机构发展结构不合理，可能在这场没有硝烟的竞争中身处不利之地。规模较小的货币基金理财机构如何防范这一风险，解决问题的办法有两种：一是深化和拓展创新机制，只有通过创新，才能在良性的竞争环境中处于不败之地；二是国家监管机构因地制宜地提供良好制度环境，对小微货币基金理财机构不合理的地方及时矫正，帮助其渡过难关。

利率市场化对资本市场和传统金融借贷市场都产生影响，余额宝的高收益是资本市场目前货币基金投资情况的综合反映，资本市场利率往往要略高于借贷市场，较高利率的保持程度事关具体影响的大小。若银行提高存贷利率，那么它的负债能力和安全性将减弱。同等条件下，电商理财的基础费用、成本小于银行，因为传统金融吸纳社会零散存款需要建立覆盖更多储户的网点，电商理财通过互联网建立第三方支付中介拉近客户与基金公司的距离。这些分析是建立在理想模式上的，利率市场化真正实现的时候，电商理财面临的风险要比银行复杂，如不趁早采取有利可行措施，很可能会遭遇美国 PayPal 公司同样的命运，而且银行有正在筹划的存款保险制度，电商理财目前相关的制度还未展开。

（四）信息不对称问题

现代市场经济活动中，掌握信息的能力和多少越来越决定主体在市场中的地位，获得更多的交易信息往往能洞察和判断市场行情，做出正确的抉择。因此，一些企业在掌控信息方面大做文章，投入许多人力和财力资源，试图在信息和数据时代占得先机。但信息是有限的，它的总量不会发生变化，一些主体获得较多信息的结果是其他主体信息的缺乏，这样主体能力差异和市场不完善导致信息不对称。另外，商事活动的现实交易里，掌握信息较多的一方为了自身利益侵害对方合法权益的案例不胜枚举，信息不对称也是发生侵权和违约的重要诱因。信息不对称指的是主体在市场中信息分配不均衡。

例如，在余额宝理财中，支付宝和天弘基金是信息优势主体，整个第三方支付平台技术的设置、线上资金的流动模式、投资风险、法律规避等关键信息都被其掌握。客户只能从《余额宝服务协议》《天弘基金管理有限公司网上交易直销自助式前台服务协议》、余额宝官方网站获得非核心信息。信息分配不均容易引发客户产生不理性投资行为，不能货比三家，看到高收益的宣传就投资。在法律救济程序中，信息不对称使权利受侵害者出现举证难问题，比如断电断网造成的系统中断、网页恶意插件的干扰、网页广告弹出对话框导致的支付瑕疵等。

信息不对称引起的法律风险最受关注和波及范围最大的要数客户隐私被泄露问题。第三方支付理财产品中的个人隐私信息包括个人基础信息和个人经济活动信息，前者主要指：姓名、年龄、性别、身份证号码、籍贯、电话号码、邮箱地址、银行储蓄卡号等；后者包括最近交易信息、个人账单、消费习惯、交易趋向等。互联网传播速度较快，个人隐私一旦泄露造成的损害将不是一次或两次，很可能是持续性的。目前，中国还没有专门规范互联网金融个人信息安全的立法，虽然在快递公司倒卖个人信息的严峻形势下，2013 年 9 月中国出台了《电信和互联网用户个人信息保护规定》，但对新型的电商理财个人信息安全没有涉及，按照传统制裁互联网和电信供应商已不能满足当前的需求。

（五）格式合同问题

商品经济的发展和社会公共服务的扩大促进了格式合同的产生，从 19 世纪的保险合同到今天的一般常用合同，格式合同已经不再是公共产品交易的专属，基本涵盖了公共服务业和民用事业，例如，航空、铁路、银行、供水、供电、买卖、租赁、行纪、委托以及网购理财等。中国《合同法》第三十九条第二款规定："格式条款是当事人为了重复使用而预先拟定，并在订立合同时未与对方协商的条款。"这便是中国法律对格式合同的定义。近年来，随着电子商务的发展，也有学者专门提出电子格式合同。① 从发展历程和法律规定我们可以看出，格式合同的缔约一方是不特定的主体，该主体与合同制定者磋商时享有接受整个合同条款约束或拒绝的权利，一般不能就合同的部分条款接受或拒绝。格式合同使用反复性高、方便省时，有利于交易的顺利完成，符合现代经济快速发展的特点，同时缺少一般合同订立中的有效磋商。这类合同不利于消费者权利的保护，多数显失公平和霸王条款形成于此。

---

① 齐爱民．电子合同的民法原理［M］．武汉：武汉大学出版社，2002.

第二节　第三方支付理财产品监管的理论基础

一、市场理论

资源配置是从社会需求角度如何分配有限的资源以实现物尽其用、人尽其才。根据市场和政府在资源配置中的作用不同，可把资源配置分为两类：第一类是政府主导的计划经济型，即政府通过法律、政策等手段分配社会经济资源，并在配置过程中起主导性作用；第二类是市场作用最大化的市场经济，即市场规律和供求关系在资源配置中起主导作用，价值规律贯穿社会资源分配的全过程。在这两种资源配置形式中，市场和政府并非互联排斥，彼此孤立存在的关系，而是谁占主导地位，谁次之。计划经济不存在纯粹意义上的全能政府，只是市场作用为辅助性的，市场经济也不存在完全由市场调配资源的情形，同样需要政府的适度干预。资源配置方式是不断协调市场和政府关系的结果，各国的经济社会情况和历史、文化、传统也影响两者的作用。

世界范围内市场经济大致经历了四个主要阶段，第一个阶段是自由放任型市场经济，强调企业、个人在商品经济中自由发挥，完全由看不见的手控制市场运行和秩序，这种自由经济是以英国经济学家亚当·斯密的著作《国富论》为思想基础，发生在工业革命国家。第二个阶段为 19 世纪末 20 世纪初的垄断型市场经济，一些能源企业在自由放任经济中完成资本的原始积累，规模迅速扩大，甚至掌控一个国家某个领域的经济命脉，形成垄断，比如美国的美孚石油公司，德国的容克家族。[1] 第三个阶段为 20 世纪 30 年代到 20 世纪 70 年代的国家干预型市场经济，1927 年美国发生经济危机，波及大半个地球，欧洲老牌资本主义强国也受到重创，市场不景气，失业率剧增。为了从经济危机中复苏，经济危机重灾区美国率先加强经济运行过程中的政府干预，其他国家纷纷效仿，这种经济模式是以凯恩斯的著作《就业、利息和货币通论》为理论依据。第四个阶段为 20 世纪 80 年代至今的区域合作和全球化市场经济，随着国际贸易的不断推进，国与国、地区与地区的经济依赖更加强化，一个国家的封闭式发展和单打独斗很难在世界经济中崛起，于是出现了开放式和结伴合作的趋势，比如欧盟、亚太经合、金砖国家、北美自由贸易区等组织。

---

[1] 蓝寿荣. 休息何以成为权利——劳动者休息权的属性与价值探析 [J]. 法学评论，2014（4）：84-96.

对于中国，在涉及第三方支付理财产品的定价、行业自律、公司内部治理和良性竞争等，政府不应过多干涉，应让市场自主调节。

二、竞争理论

市场经济的显著特征是竞争，也可以说没有竞争就没有市场经济。市场对资源配置起决定性作用的论断是重新审视市场地位和政府分权、放权的有机统一，是良性竞争和打破传统银行垄断的要求。在良性竞争环境下，市场主体应该是公平的，价值规律和供求影响参与者的优胜劣汰，互联网金融低门槛、方便灵活等特点对传统金融的解构和重构，使相当多的客户游离于传统金融体系之外。

第三方支付平台理财产品分享社会财富打破了银行业的金融垄断，实际上为低收入群体的零散资金提供了更好的选择，是一种普惠型金融。传统银行业在三农、小微企业、个人等方面的融资作用和帮扶力度不显著，这就要求银行业分出一定的市场份额留给民间资本，两者间的竞争是由于传统银行的弊端和互联网金融创新的双重作用造成的，而不是民间资本采用了权力寻租得到的。市场经济的实质是竞争经济，竞争需要产权明晰的市场参与者，参与者的主体地位与合理的市场秩序决定竞争的公平。即使遭遇危机，多数银行仍"大而不倒"。可以说，大而不倒问题的实质在于，这种金融机构的倒闭产生系统性风险和不让其倒闭引发道德风险之间的矛盾。

传统银行业垄断金融市场会导致金融行业长期处于安全期，从而不重视创新，不利于整个经济效率的提高。政府在看待银行与互联网金融时应该一视同仁，而不是打击或排挤竞争对手以维护银行的垄断地位。垄断与竞争是一对矛盾，在经济改革进入攻坚时期，一方面，打破银行业的垄断有利于广大民众共享金融成果和盘活民间资本；另一方面，摸着石头过河的互联网金融在市场竞争中仍有不规范之处，政府的宏观调控和监管无疑是一剂有效强针。

三、政府干预理论

如果把政府与市场关系比作一场足球赛，那么运动员就是市场主体，裁判为政府。当裁判员吹响比赛开始的哨声时，运动员在绿茵地上按照教练战术布置踢球，每一次奋力地拼抢和积极地防守都是以进球和胜利为目的，当出现犯规，政府的作用就是客观中立的裁判，按照规则出示黄牌或红牌来判罚，而不是一方球队的"第十二人"。一场行云流水的比赛，主角永远是运动员，裁判的频频现身会扰乱比赛的流畅性和观赏度，有时候还会使比赛失去控制，理性的裁判往往是默默而温雅地吹罚比赛。所以政府应该是默默地提供良好的市场环境，只有出现市场失灵情况，才适度又不失控制地干预。

第三方支付理财产品市场发育不久，失灵情况在所难免，主要表现为门槛设立标准不统一和价格机制不顺畅。余额宝于2013年6月诞生，短时期内客户量剧增，获利不菲，使天弘基金迅速成为国内首屈一指的基金公司，同时其他企业看到互联网金融带来的甜头，于是纷纷效仿推出各类"宝宝"。我们看到，类似余额宝的理财产品不断加入互联网金融领域，有助于刺激企业增强自主创新能力和形成竞争机制，但有些电商、银行和证券公司开展理财业务的硬件和软件设施不到位，在巨大利益驱动下投入互联网金融市场可能会产生系统性危机。因为金融自身的高负债决定了其内在的脆弱性，这种脆弱性带来了金融的不稳定性，容易产生危机。

抛开互联网金融的内在不说，就其硬件来说，它要求有更高的电子信息和网络终端技术，也需要具备一定专业知识和经验的人才来管理，所以互联网金融比传统金融更加脆弱。一些资质欠缺的企业开展互联网金融理财，如果连最起码的硬件设施都不具备，很难想象其能否规避系统性风险和市场不稳定风险。理财产品的低门槛可能带来风险，互联网金融不能忽视安全性问题，安全性不仅关乎投资者和企业的成败，而且还会影响一个国家大的经济运行环境和实体经济。另外，价格机制缺失在第三方支付理财产品中表现比较突出，这里的价格指理财产品的收益，属于宏观价格的一种。

正常情况下，市场经济运行遵循价值规律和供求现状，即物品的价格围绕价值上下波动，在价格机制错乱的情形下，价格会严重偏离价值的合理幅度。互联网金融的高收益与实体经济平稳增长息息相关，中国互联网金融理财产品年平均收益为5%左右，GDP年增长率为8%左右，这是一个正常的价格表现，但少数理财产品为抢占市场和吸引客户投资，宣称20%左右的高收益，或者前期兑现高额利润拖垮其他竞争者，后期压低收益。哄抬收益，危害其他经营者的合法权益本身就是一种不正当竞争行为，还会造成过剩的金融泡沫。国家监管机构在规制价格缺失和不正当竞争行为的同时，应考虑互联网金融收益和实体经济发展速度之间的关系，只有实体经济发展合理，金融泡沫才会减少。

四、金融安全理论

金融创新会提高金融发展的效率，同时会对一国或某一地区金融安全造成威胁。目前，多数国家为了更好地发挥金融对实体经济的杠杆作用，把效率视为金融的第一要义，忽视金融安全。"美国经济学家E.S·肖教授的金融深化理论和 R.I·麦金农教授的金融压制理论提出后，"① 金融创新产品如雨后春笋般发展。金融深化的核心是政府减少对金融机构的干预，金融通过灵活的利率为经济服务，经济的繁荣反哺金融，形成良性循环；金融压制理论认为政府的过度干预，使得金融丧失了应有的活力和效率，萎靡的金融业无法推动实体经济的发展，缓慢的实体经济增长不能为金融的发展提供引擎作用，产生恶性循环。受金融压制论影响，在学术界也存在重效率、轻安全的现象。但 2008 年爆发的次贷危机不仅使国家更加重视金融安全，学术界也兴起了金融安全理论研究回暖的现象。

在实践中影响金融安全的一个重要因子便是金融创新，而维护金融安全的一大利器便是法律制度，所以金融安全就需要处理金融创新与法律规制间的矛盾。就中国互联网金融发展来说，应分阶段加以法律规制，不能一味严管或放任。现阶段，互联网金融出现一些法律程序和网络技术安全问题，总体态势在可控范围之类，还未明显出现金融异化现象。目前，互联网金融对经济的积极效应大于其存在的瑕疵，监管机构的态度以鼓励为主，但又防范互联网金融逾越法治的红线。因为互联网金融的不断创新，从移动支付到 P2P、网络银行，尤其是第三方支付理财产品的推出，几乎间隔一段时间就会有新成果，这给本来滞后的立法带来了挑战。估计未来一段时间，中国对互联网金融的立法将紧跟创新的步伐，但经济类的立法往往要求更高的技术性，一味追赶互联网金融创新的脚步可能会忽视立法的质量，从而不利于国家对金融实施监管。

第三节　中国第三方支付理财产品监管机构与制度

一、第三方支付理财产品监管机构

(一) 中国人民银行

第三方支付理财产品是一种跨行业互联网金融繁衍产品，电商平台和基金公司联合经营网购、货币基金销售业务，突破了原有央行管理支付、证监会管理基金销售的单一模式，给国家实施金融管理造成很大麻烦。从外国经验来看，功能性监管是解决管理权限冲突的最佳选择，因这种监管理念注重繁衍产

---

① 余海斌. 金融创新产品风险的监管模式与机制研究［D］. 上海：上海社会科学院，2011.

品的交易过程而非具体名称，换句话说就是揭开创新产品神秘的面纱。

中国人民银行作为中国金融体系监管的最高行政机构，是国务院重要组成部门之一，也是中国的中央银行，承担着货币政策制定、金融活动宏观调控、外汇及国际储备管理的重要任务。央行特殊的地位和职责决定了它有多重属性，在中国它是"发行的银行、政府的银行、银行的银行"。[①] 除了依法管理传统银行，央行还是第三方支付平台等非金融机构的监管机构，《中国人民银行法》《非金融机构支付服务管理办法》是其实施监管的法律依据。央行对第三方支付理财产品行使行政管理和业务指导职权。具体来说，依法认定支付机构法律性质、检查公司日常治理、负责支付许可证的发放和审核、决定支付业务范围、监管备付金存储、检查运营风险状况、防范和打击洗钱行为。

（二）证监会

如果说央行对第三方支付理财产品是通过其母系载体电商平台实现的一种间接监管，那么证监会便是直接管理。余额宝是跨行业、跨监管部门的互联网金融繁衍产品，其本质是销售货币基金。证监会是国务院专门设立管理证券市场和监督证券期货交易行为的机构，负有监管私募基金、上市公司、期货、创新业务等职能，《证券投资基金销售管理办法》和《证券投资基金销售结算资金管理暂行规定》是其规制第三方支付理财产品的现有法律依据。

创新业务管理职能是证监会特有的职权，该职权在规制资本市场、证券期货、互联网金融创新方面发挥着不可替代的作用，证监会行使这项职权管理余额宝等互联网金融繁衍产品的部分市场交易行为。总的来说，基金公司治理、资本规模、从业人员资质、基金销售牌照发放、基金业务范围、账户开设、基金销售推介资料宣传、投资者权益保护、基金支付结算、退出机制等都由证监会监管。

（三）保监会

保险业是经济社会发展不可或缺的有机组成部分，是财产和人身安全的"后勤保障部"，具有极高的公益性和社会性，在中国保险业由保监会统一管理。保监会和银监会、证监会是国家为适应虚拟经济发展而设立的国务院直属事业单位，与中国人民银行一起构成中国独特的"一行三会"式金融监管体系。就保监会而言，它是维护被保险人、投保人、受益人合法权益，管理全国商业保险市场稳健运行的核心机构，以《保险法》为主要监管依据。各类保险公司是一个经营风险的行业，执行和经营保监会批准的相关保险业务，承担

---

① 陈燕. 中央银行理论与实务（第二版）［M］. 北京：北京大学出版社，2013.

保险的具体理赔事宜，接受保监会的行政管理和业务指导。保监会的监管职权包括：落实国家的相关金融政策、草拟保险类法规、管理保险公司的内部治理和经营运行、接管经营困难的保险公司、核准保险业务范围、发放保险类经营资格证、管理保险保障基金、协调保险业风险预警测试机制、防范保险风险、矫正保险市场异化、负责金融监管部级联席会议制度的相关事项等。

二、第三支付理财产品监管制度

（一）准入制度

减少不必要的行政审批、降低准入门槛、鼓励企业自主创新是中国的宏观经济政策之一，也是完善市场经济和转变政府职能的应有之义。目前，减政放权主要涉及民生、商事、投资等领域，对一些关乎社会公共利益的特殊行业还未全面开放，只是制定了弹性政策，预计未来将逐年放宽标准。就目前中国互联网金融发展而言，虽不及军工、航天等领域特殊，但仍涉及整个国家金融的安全和广大投资者的贴身利益，仍需要获得支付许可证和基金销售牌照，暂不能由电商企业自主决定，也不能通过市场竞争有效调节，属于《行政许可法》规定的可以设定行政许可的行业。

一直以来，中国关于第三方支付理财产品市场准入的法律规定比较模糊，《证券基金销售管理办法》中对基金销售主体分为五种，即证券公司、证券投资咨询机构、独立的基金销售组织、商业银行和证监会规定的其他机构，且对其他机构没有做出列举式说明，按照一般法理，支付宝是电商企业，开设余额宝业务应属于"其他机构"，但证监会显然忽视了这一点，没有要求新兴理财产品申请基金销售牌照。对余额宝等理财产品市场准入应要求统一认证、低资本、高技术门槛以及合理退出机制。因为未来经营电商理财产品的企业会越来越多，资金规模也将逐年增大，统一申请基金销售牌照方便监管，而且互联网金融理财发达的美国和欧盟都要求统一资格认证。同时，资本要求不能过高，应按照证监会规定的2000万元人民币才比较合理，但技术等软件须实行高门槛，电商理财是依托支付系统的线上交易，容易出现客户账号丢失甚至被盗的现象，不重视网络技术安全将带来更多风险。

另外，合理的退出机制优于单一的惩罚制度，就理财企业的严重违法行为适用退出机制可以达到治标治本的效果，退出的基本原理可以参照《企业破产法》，法律依据适用《商业银行法》较为适宜，因为走普通企业破产清算法律程序会损害投资者利益。

（二）备付金保险制度

1927 年的经济危机给美国造成巨大创伤，曾经令美国人引以为自豪的金融业是这次危机的重灾区之一，为恢复大萧条以来低迷的经济和提高金融业抗风险能力，一场自上而下的国家干预经济改革开始上演，存款保险制度由此应运而生。时至今日，世界上有 100 多个国家相继建立了存款保险制度，这其中不乏一些经济发展较慢的国家，比如哥伦比亚、越南、刚果等国，同为金砖国家的印度更是在 20 世纪 60 年代就建立该制度。可见，社会意识形态差异、经济发展快慢与存款保险制度建立关系不大。

中国也多次提出建立存款保险制度的设想。国家宏观金融发展规划为存款保险制度提出了构建框架，从规划内容来看，中国在路径选择上为显性，即逐步通过立法的形式确立存款保险制度主体、对象、具体操作程序等，以往涉及存款保险的立法同样是显性的。例如，《商业银行法》中银监会接管发生信用危机的银行等条款。就如何构建具体的存款保险制度，应根据中国改革的惯用思路和经济社会发展的具体情况来制定。试点推广模式是中国探索改革的重要法宝，不管是先富带后富的共同富裕线路，还是沿海城市优先开放的特殊待遇都取得了可观的成绩，存款保险制度的总体布局应以第三方支付理财产品备付金保险向商业银行存款保险过渡。究其原因：第三方支付理财产品虽有几千万客户和两万多亿资金量，但与银行等金融机构相比规模较小，试点工作的追踪和反馈信息能控制得当。

电商理财的投资者大多属于持小额资金的零散客户，这与存款保险制度的功能之一保护中小投资者利益是相吻合的。中国建立备付金保险的具体制度设计：保监会有权调查电商理财机构的风险防范情况，对风险测评不达标的企业可以建议证监会督促整改；设立专门备付金保险公司，第三方支付理财机构备付金保险为强制性保险，理财机构为投保人，保险费用从备付金利息中扣除，最高保额可以设定弹性范围；电商理财机构破产时，由备付金保险公司统一理赔，保监会作为监督机构可以接受理赔事宜的二次救济。

（三）行业协会自律制度

行业协会是现代市场经济不可或缺的主体之一，组团式的联合组织提升了企业的话语权，也加强了企业的自律建设，它的出现打破了政府与市场的二元结构。通常意义上的行业协会是由同一行业的生产者或经营者组成，以维护和增进全体会员的共同利益为目的的一种非盈利社会组织，按照不同的标准可分为法人类和非法人类行业协会、政府设立型和民间组织型行业协会、纵向和横向行业协会、区域间和全国性行业协会。行业协会被称为监督市场运行的

"第三只手"，它的公共性、自律性、中介性功能一方面克服了市场自我调节的滞后性和被动性，能矫正市场失灵；另一方面分割了全能政府的权力，提高了公共产品的供给效率，弥补了政府失灵的缺陷。

严格来讲，中国目前还不存在真正意义上的第三方支付理财产品行业协会，可以勉强认定为电商理财的自律组织的是中国支付清算协会，该协会成立于 2011 年 5 月 23 日，是经国务院同意、民政部批准、隶属于中国人民银行的全国性非营利社团法人。中国支付清算协会主要成员包括商业银行、非金融支付机构、财务公司和一些特许支付清算机构，其中商业银行和非金融支付机构占多数席位，该组织的理念是维护会员的合法利益、加强支付业自律管理、分享市场信息资源、协助国家监管机构处理支付业日常事务、防范支付清算业风险等。随着互联网金融的迅速崛起，众多支付机构开始涉足金融繁衍产品研发，它们认识到单个的电商企业难以探索广阔的互联网金融市场，笼统的自律组织不足以凝聚支付机构的力量，2013 年 12 月在多数会员的号召下中国支付清算协会成立了互联网金融专业委员会。该委员会专门为互联网金融创新产品而设，会员涵盖了 P2P、券商、银行、电商平台等主体，但没有提到类似余额宝这样的理财产品。

针对理财产品的不断壮大，须有相应的行业协会来强化自律，目前单独设立互联网理财协会的条件还不成熟，但可以允许第三方支付理财机构加入支付清算协会互联网金融专业委员会。具体来说，互联网金融委员会应有规制电商理财会员的章程，内容包括：准入与退出、日常自律管理、信息分享、业务技术交流、维权协调、风险防范、会员培训、评估考察、组织年会学术交流、统计年度数据报告、奖励与惩罚等。同时，互联网金融委员会还应有规范化的内部治理体系和专门监管第三方支付理财机构的职能部门，比如全体成员会议为最高权力机构、委员会主任会议为决策执行机构、独立专家会议为争议解决机构、专业委员会为可以设置 P2P 办公室、电商理财办公室、网络银行办公室等处理日常事务。

（四）金融消费者保护制度

在阐述中国第三方支付理财产品法律监管不足时，谈到了互联网金融消费者保护的一些问题及成因，但并没有提出解决方案。这里将在分析原因和不足的基础上，进一步探讨切合中国实际的解决之道。就互联网金融发展带来的虚假宣传、忽视应有风险测试机制、泄露客户隐私等突出问题，实际上中国这方面的立法或多或少有所涉及，比如《消费者权益保护法》《证券投资基金销售管理办法》《网络商品交易及有关服务行为管理暂行办法》等法律法规对相关问题有一般性的规定，但分散的法律规定容易造成规则使用冲突，可能导致监管机构相互推诿，不能形成制度合力。为了解决这些问题，笔者认为在互联网金融消费者保护制度方面应做好如下几点：

（1）梳理现有法律法规，及时修改冲突规则。互联网金融繁衍产品的更新速度突出了中国立法的缺陷，这些短板大多是由于立法过于仓促和缺乏前瞻性造成的，不能简单地运用特别法优于普通法或新法优于旧法的法理去解决，而是需要通过修改立法来弥补。立法机构应专门召开会议，部署互联网金融消费者保护法律相关冲突性规则的整理和清理工作，按照有利于实现行政效率和客户保护的原则，赋予监管机构一定的权力。例如，证监会是电商理财的直接行政管理机构，在业务和监管方面比工商部门有优势，应享有对支付机构欺诈、忽视风险测试等行为的处罚权。

（2）合理匹配权利、义务和罚则，形成制度合力。社会主体要对自己的行为负责，违规违法接受制裁是最普遍的法理，但接受什么样的处罚、制裁才能和危害行为相匹配，各国的情况各有不同，一些不同领域的法律制度也不尽相同。就经济法范围而言，申诫和财产罚一直是主流责任制度，因为参加经济活动的一般是企业和个人，法人企业是一种虚拟人格，不能实施剥夺自由和生命的罚则，消费者个人在交易过程中处于弱势地位，实施危害行为的情况也不多见。目前中国互联网金融消费者保护制度罚则设置不合理，存在一棒子打死或损其毛发的情况。

例如，《非金融机构支付服务管理办法》四十二条对支付机构泄露客户商业秘密和不按规定披露信息的行为只规定了警告和一万到三万元的罚款，对有些轻微的侵权行为却规定了较重的吊销许可证和数额较大的罚款。因此，互联网金融消费者应该拥有身份信息的控制权、知悉权、收回权、修改权和请求司法救济权。立法者在配置罚则时要遵循法律和经济运行的一般规律，适当借鉴境外先进立法制度，如欧盟的网络隐私权保护制度，使权利、义务与罚则发挥应有作用，形成制度合力。

第四节　第三方支付理财产品的案例分析

本节以余额宝为例，来探讨第三方支付理财产品。

一、余额宝产生的背景

余额宝的产生与国家对金融创新的鼓励、基金行业陈旧的销售模式和电商企业向互联网金融方向发展的目标有着不可割裂的关系。在这样的大背景下余额宝应时代需求应运而生。首先是国家鼓励金融创新、提出利率市场化和普惠金融等多个愿景，并采取了一系列政策措施来鼓励企业凭借互联网进行金融创新。就基金产品而言，曾经辉煌一时的基金行业由于运营能力的减弱、销售模式的单一和人才的流失走向衰退。在这样的艰难境遇下，基金行业需要走出传统主要依靠银行进行销售的模式，开创新的营销运营模式，简化购买流程和成本，获得更多投资者的关注和认可，通过创新使基金行业走出阴霾，再度成为炙手可热的理财方式。具有极大商誉的阿里巴巴集团高度关注互联网金融的发展，拥有敏锐的市场观察能力并储备了众多客户数据资源，结合自身平台的特点，阿里巴巴为推出互联网金融理财产品做了科学的分析和准备工作，这些有利的条件为余额宝的诞生奠定了坚实的基础。

二、余额宝的发展

余额宝是一款支付宝与天弘基金联合开发的第三方支付创新理财产品，客户把支付宝或储蓄卡中的资金转入余额宝，就等于购买了一定份额的天弘增利宝基金，在相当短的时间（通常为第二个工作日）就可以查知收益情况。同时，客户可以根据相应需求回赎余额宝里面的投资资金，但须经历 T+0、T+1 或 T+2 模式。如果把支付宝的资金转入余额宝称之为正向流转，那么余额宝的资金转出至支付宝为逆向流转。客户需要网购时，可以用余额宝里购买货币基金的资金来支付。简言之，就是逆向流转的过程。需要理财时，可以将支付宝或储蓄卡里的资金转入余额宝，完成正向流转，因此余额宝迎合了年轻群体的心态，实现了网购和理财的统一结合。图 8-1 为余额宝交易流程。

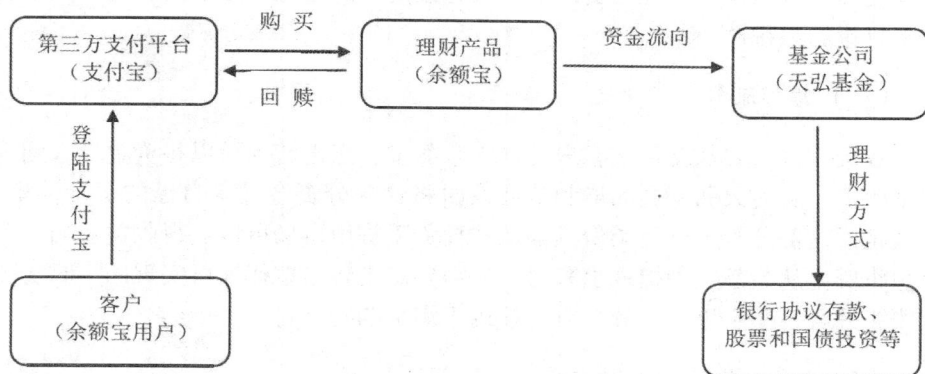

图 8-1　余额宝交易流程图

人们将余额宝称之为是会赚钱的支付宝，可以说支付宝公司和天弘基金合作开创了互联网平台货币基金理财新模式，直销中国第一支互联网基金。产品2013年6月17日正式上线，6月末规模已经达到66亿，不到一个月，用户数额已超百万，9月末规模达到556亿，12月末规模达到1944亿，半年时间内资金数额迅速增加。2014年1月15日，余额宝规模超过2500亿元，2014年2月14日再度突破4000亿元，可以说自诞生后的半年时间里余额宝的热度只增不减。探求余额宝的盈利模式，可以发现其对银行的依赖过高，80%的资金投向于银行的协议存款。而当宝宝类复制品增加时，货币基金企业与银行的议价能力降低，并且当银行满足监管考核指标时，对货币存款的需求也会降低，这都导致了余额宝的收益率出现下滑的现象，从最初6%多的收益率降至现今的近3.9%的收益率，披着余额宝外衣的货币基金回归正常的4%左右收益率符合正常的发展规律，纵观国内外货币市场基金的收益率很难长期超过4%。

余额宝是由天弘基金公司和支付宝打造的互联网金融理财产品，天弘基金的增利宝与余额宝直接挂钩。支付宝是没有直销或代销基金产品的权利的，它只是一个第三方支付平台，用户将闲散资金从支付宝账户中转存到余额宝理财平台上，实际上投资者投入的这部分资金的去向是购买了天弘基金出台的增利宝，投资者可以省去繁琐的基金开户程序和购买过程，直接从余额宝中购买货币基金获得较高的利率收益。

三、余额宝的特点

前面已经表明余额宝理财方式的本质，余额宝里面资金的投资收益的方式并不复杂，且因它存在很多自身独有的理财特点才成为众多投资者投资理财的最佳选择，可以说余额宝之所以能够成为投资者的宠儿，除了高收益率外还有很多自身的独特性。

（一）操作流程简单便捷

投资者只需要从支付宝客户端进入余额宝，点击转入可以将资金导入到理财平台上，随后天弘基金的增利宝会及时将这部分资金导入自己的资金池里，也就是说这部分资金进行了份额确认并投资于货币市场可以获得收益；当投资者想将资金从余额宝中提现出来时，只需要点击转出按钮即可实现两小时实时到账，并且余额宝里面的资金可直接用于淘宝购物支付。

（二）"碎片化"的理财方式

相对于传统银行理财五万元起投的高门槛，余额宝理财门槛很低，一元起购，购买门槛几乎为零，任何人都可以进行余额宝理财。余额宝实现了零钱增值的机会，让投资者哪怕一两元、一两百元都能享受到理财的快乐。这种"碎片化"闲散资金的理财方式，满足了人们对日常余额理财的需求，使得投资者日常闲散的资金也可以获得额外收益。

（三）收益高并且使用灵活

余额宝的高收益使其在创立之时吸引了众多投资者，规模迅速壮大，使得与之挂钩的天弘资金成为国内首屈一指的基金公司。余额宝与天弘基金的增利宝收益相挂钩，成立之初收益率在6%左右，发展至今收益率也在3.9%左右，收益水平相当于银行活期存款利率的十几倍。现在仍有很多投资者选择余额宝进行理财，主要原因就是它的高收益性。同时余额宝支持 T+0 实时赎回，余额宝中的资金可以随时转出到支付宝余额，非常好的客户理财投资体验使得余额宝备受投资者的青睐。

（四）资金安全有保障

投资者可以为余额宝里面资金购买由国泰财产保险有限公司承保的保险，当资金发生损失时可以获得赔偿，保障了资金的安全性，这无形中给客户一种安全的保障。当然，保险条款里明确了理赔条件，只有满足理赔条件的损失金才能获得赔偿。

（五）移动支付且方便、快捷

余额宝的投资者可以在手机上进行理财操作，相对于电脑客户端更加方便。随着智能手机和移动互联网的发展，人们可以通过智能手机随时随地上网，购物投资活动也已经从电脑端逐渐转移到手机移动端。余额宝作为互联网金融理财产品的代表在推出时就支持手机客户端 APP 应用，投资者只需要在手机上下载支付宝 APP 就可随时理财，简单、方便、快捷。

四、余额宝存在的问题及解决对策

（一）余额宝存在的问题

虽然余额宝从成立至今发展态势良好，未发生资金亏损或大额赎回等问题，是一款比较成功的互联网金融理财产品，但它依然存在政策监管、自身投资收益波动、资金流动、宣传片面、风险提示不足等诸多问题。

1. 政策监管存在争议

余额宝作为互联网金融产物，在政策监管上存在很多问题和争议。余额宝的本质是天弘基金利用支付宝第三方支付平台上进行的基金理财直销活动。它的理财过程是将余额宝里面用户投入的资金直接购买天弘基金出台发行的增利宝，不得与支付宝产生任何关系，支付宝获得的收益被界定为"管理费"。而中国对商业银行等理财机构有着非常严格的监管和限制，没有得到认可的企业机构是不可以进行基金的发行和销售的，这可以得出余额宝实际上是在打政策的擦边球，监管尚未明确，政策也不明朗。虽然余额宝暂且还没有受到国家一些管理机构的明令禁止，相关监管机构部门并未对其进行发难，但一旦监管部门考虑到金融行业的健康、稳健运行，余额宝被限制或叫停也顺理成章。

2. 投资收益率波动较大

余额宝里面资金的收益往往具有一定的波动性。据相关机构的调查表明，从余额宝进入增利宝的资金多数投资于短期有价证券，因此银行协议存款的利率和货币市场的波动将直接影响余额宝的投资收益。银行协议存款利率由市场资金供求关系决定，市场资金紧张时银行协议存款价格较高，市场资金宽松时银行协议存款价格就跟着降低。

此外，余额宝在运营过程中的环节多，复杂性高于银行活期存款及一般的货币基金。任何一个环节出现状况都会牵一发而动全身，影响投资者的收益率。例如天弘基金的老鼠仓现象、支付宝的网络技术缺陷、淘宝网个人信息的泄露现象等，这些都会直接或间接影响到余额宝的资金安全和投资收益。

3. 资金流动性风险较高

余额宝的本质是开放式基金，投资者可以随时申购和赎回，具有较高的流动性，这是余额宝一个很大的卖点，但同时也易引发资金具有高流动性的风险。虽然当资金具有很好的流行性时，可以使投资者投入平台里的资金随时提现和用于支付，但增加了资金流动性管理的困难，问题不容小觑。如果在基金交易时发生因货币市场的波动，致使可能出现资金超大面积的资金赎回现象，影响商业信誉和投资收益，对其长久发展产生不利的后果。此外，余额宝可直接用于购物支付的功能也会对资金的流动性略有影响，在天猫和淘宝的销售量出现较大浮动时，例如双十一等促销活动，投资者将资金用于购物支付，也会对余额宝资金的流动性提出考验。

4. 宣传片面且风险提示不足

在余额宝的宣传过程中，过多强调高收益性，缺少对投资者的风险提示。投资都会具有一定的风险性，已知余额宝里资金的投向虽然风险较小，但并非不存在，在余额宝的页面中缺少相应宣传。此外，虽然支付宝在余额宝的宣传页面中宣称"资金被盗全额补偿"并提供了资金保险服务，但赔偿条件要求较高。余额宝在线客服称，只有在用户能提供证明材料并经审核确实存在资金被盗的情况下才能予以赔偿，是否赔偿以及赔偿金额由支付宝官方判决，此种情况下客户可能面临举证难问题，并不具备主动权。

（二）余额宝存在问题的解决对策

（1）为了余额宝的长期发展，可以让支付宝引入竞争机制，与更多发展时间较长且收益表现良好的货币基金公司展开合作，为客户提供更多选择，同时可以降低用户的收益风险。

（2）在政府监管层面，支付宝方面积极与相关监管部门进行沟通，尽快拿到基金第三方销售牌照，使余额宝的合法性早日得到确认。

（3）余额宝应明确提醒用户购买余额宝存在的风险，尊重用户知情权，增加产品的透明度，有效避免未来可能产生的法律纠纷。

（4）余额宝要处理好和银行的关系，建立一个良性的合作模式，实现双赢，避免恶性竞争。

（5）支付宝公司需要不断提升自己软硬件系统的安全级别和完善应用的系统结构，规范各类规章制度，完善风险防范机制，保障网络支付交易安全，维护消费者利益，促进互联网支付健康、持续、稳定发展。

参考文献

[1] 蔡海宁. 互联网金融原理与法律实务 [M]. 上海：上海交通大学出版社，2015.

[2] 蔡英杰，蒋鹏程，姜珊. 大众选择互联网金融余额理财产品的影响因素分析——以余额宝为例 [J]. 安徽农业科学，2015（20）：311-314.

[3] 曹国岭，陈晓华. 互联网金融风险控制 [M]. 北京：人民邮电出版社，2016.

[4] 陈晓华，唐岫立. 互联网金融法律与实务 [M]. 北京：中国金融出版社，2017.

[5] 成蕴琳. 互联网金融 [M]. 北京：北京理工大学出版社，2016.

[6] 刁文卓. 互联网众筹融资的《证券法》适用问题研究 [J]. 中国海洋大学学报（社会科学版），2015（3）：88-94.

[7] 董希淼. 互联网金融风险与应对策略研究报告 [M]. 北京：中国金融出版社，2016.

[8] 杜灵恩，徐福缘，何建佳. 基于互联网金融的科技企业孵化器与风险投资合作 [J]. 科技管理研究，2016（17）：106-111.

[9] 范惠珍. 浅谈互联网金融对家庭金融投资选择的影响 [J]. 现代商业，2018（27）：89-90.

[10] 范敏霞，汤自英，赵梦蕾，周琦轩. 互联网金融对居民金融投资活动的影响 [J]. 西南金融，2015（12）：43-48.

[11] 方旭. 互联网金融环境下投资者学习行为的经济学分析 [J]. 中国集体经济，2018（32）：96-97.

[12] 谷来丰，陈颖，张云峰，马漓. 互联网金融 [M]. 上海：上海交通大学出版社，2015.

[13] 管清友，高伟. 互联网金融 概念、要素与生态 [M]. 杭州：浙江大学出版社，2015.

[14] 郭福春，陈利荣. 互联网金融发展理论与实践探索 [M]. 杭州：浙江工

商大学出版社，2017.

[15] 郭福春，陶再平．互联网金融概论［M］．北京：中国金融出版社，2015.

[16] 郭勤贵．互联网金融原理与实务［M］．北京：机械工业出版社，2017.

[17] 韩中阳，陈超．互联网余额理财工具使用行为影响因素的实证研究［J］．企业经济，2015（7）：103-109.

[18] 郝琳娜，汪浩洋．互联网金融的创业者融资行为策略选择的问题研究［J］．聊城大学学报（社会科学版），2018（3）：121-128.

[19] 何平平，邓旭霞，车云月，周春亚，王杨，毅彬．互联网金融法规［M］．北京：清华大学出版社，2017.

[20] 何平平，胡荣才，车云月．互联网金融运营与实务［M］．北京：清华大学出版社，2017.

[21] 何珊，陈光磊，谌泽浩．透视互联网金融［M］．杭州：浙江大学出版社，2016.

[22] 何五星．互联网金融模式与实战［M］．广州：广东人民出版社，2015.

[23] 胡冬鸣，田春丽，金茹．如何运用互联网金融［M］．北京：中国财政经济出版社，2017.

[24] 胡国生．基于行为金融的互联网金融分析［J］．武汉金融，2015（1）：58-59，7.

[25] 胡海青．信息不对称下P2P网络借贷投资者行为的实证［J］．中国流通经济，2015（10）：49-55.

[26] 胡新．互联网金融平台投资理财［M］．北京：清华大学出版社，2015.

[27] 黄凌灵．解读互联网金融［M］．北京：清华大学出版社，2017.

[28] 黄明刚．互联网金融与中小企业融资模式创新研究［M］．北京：中国金融出版社，2016.

[29] 黄仟瑜，林良旭，范秀兰．互联网金融下大学生消费行为研究［J］．科技经济导刊，2016（28）：139-141.

[30] 黄卫东．互联网金融创新［M］．北京：新华出版社，2015.

[31] 黄雅丽．基于互联网金融模式下的余额理财用户投资行为的研究［J］．现代商业，2018（25）：84-85.

[32] 黄佑军，马毅，周启运．互联网金融模式探究及案例分析［M］．广州：暨南大学出版社，2016.

[33] 贾扶栋．互联网金融创新与变革［M］．北京：中国财政经济出版社，2016.

［34］贾焱．互联网金融［M］．北京：北京理工大学出版社，2018.

［35］李鸿昌，范实秋．互联网金融实务［M］．南京：南京大学出版社，2017.

［36］梁力军．互联网金融审计：新科技-新金融-新审计［M］．北京：北京理工大学出版社，2017.

［37］廖理．全球互联网金融商业模式：格局与发展［M］．机械工业出版社，2017.

［38］刘凤军．互联网金融营销原理与实践［M］．北京：中国人民大学出版社，2016.

［39］刘澜．互联网金融背景下大学生投资理财行为研究［J］．中外企业家，2015（19）：231-232.

［40］刘宪权．互联网金融股权众筹行为刑法规制论［J］．法商研究，2015（6）：61-71.

［41］鲁小兰．互联网金融发展模式和风险防范［M］．广州：中山大学出版社，2015.

［42］孟雷．互联网金融创新与发展［M］．北京：中国金融出版社，2016.

［43］孟星星，孙孝科．如何融入互联网金融的浪潮［J］．通信企业管理，2016（4）：74-76.王瑞．互联网金融理财产品选购决策影响因素分析［J］．财会通讯，2016（29）：3-5，129.

［44］牛瑞芳．互联网金融的小微企业融资研究［M］．北京：经济管理出版社，2015.

［45］庞海峰，贾子涵，庞舒月．互联网金融理财产品的影响因素研究——基于 Logistic 回归模型的研究［J］．北方经贸，2018（1）：8-9，20.

［46］乔海曙．互联网+金融［M］．北京：经济管理出版社，2015.

［47］冉湖，杨其光，鲁威元．互联网+金融——互联网金融的革命［M］．北京：北京工业大学出版社，2017.

［48］佘松涛．用互联网金融吸引国外小额投资的可行性研究［J］．知识经济，2016（1）：65.

［49］史浩．互联网金融支付［M］．北京：中国金融出版社，2016.

［50］帅青红．互联网金融［M］．沈阳：东北财经大学出版社，2016.

［51］苏保祥．互联网金融实践与创新［M］．北京：中国金融出版社，2015.

［52］孙丽．互联网金融论．济南：山东大学出版社，2015.

［53］谭嵩，赵婷．互联网金融背景下中信银行财务风险案例研究［J］．淮南师范学院学报，2018（1）：28-32，64.

[54] 谭晓黄. P2P 网络借贷投资行为浅析 [J]. 中国商论，2016（7）：83 -85.

[55] 汤凌冰. 互联网金融 技术与应用 [M]. 北京：电子工业出版社，2015.

[56] 唐勇. 互联网金融概论 [M]. 北京：清华大学出版社，2017.

[57] 王亮亮. 互联网金融发展对传统金融业的影响研究 [M]. 北京：中国金融出版社，2016.

[58] 王玮玮. 互联网金融下传统商业银行的转型研究 [J]. 时代金融（中旬），2015（8）：35-45.

[59] 王秀峰，王裕强. 互联网金融理论与实务 [M]. 北京：中国金融出版社，2016.

[60] 王勇，陆宇锋，张智勤. 互联网金融的实质辨析及监管思路浅探：基于投资回报率模型的研究 [J]. 发展研究，2015（6）：38-42.

[61] 王在全. 互联网金融与中小企业融资 [M]. 北京：中国经济出版社，2015.

[62] 王占霞，高长玲. 互联网金融的风险及监管 [J]. 学术交流，2016（10）：137-141.

[63] 吴才毓. 投资者与消费者之间：网络环境下的金融消费者权益保护 [J]. 商丘师范学院学报，2015（8）：98-105.

[64] 武长海，涂晟. 互联网金融监管基础理论研究 [M]. 北京：中国政法大学出版社，2016.

[65] 谢婕，刘彦. 金融社团与大学生互联网金融维权 [J]. 山东理工大学学报（社会科学版），2018（3）：51-56.

[66] 邢丘丹，解建丽，张宁. 互联网金融模式下的余额理财用户投资行为分析 [J]. 财经理论与实践，2015（5）：15-22.

[67] 许伟，王明明，李倩. 互联网金融概论 [M]. 北京：中国人民大学出版社，2016.

[68] 薛刊. 经济发展转型与互联网金融思考 [M]. 北京：北京理工大学出版社，2017.

[69] 杨琛. 新型金融产品对居民投资行为的影响分析 [J]. 中外企业家，2015（25）：43-45.

[70] 杨东. 互联网金融消费者保护制度的理论依据及建议 [J]. 信息化建设，2015（9）：12-15.

[71] 杨东，文诚公. 互联网金融风险与安全治理 [M]. 北京：机械工业出版社，2016.

[72] 杨涛．互联网金融理论与实践［M］．北京：经济管理出版社，2015.

[73] 杨洋．我国互联网金融发展存在的问题［J］．现代经济信息，2016（22）：300.

[74] 于立新．互联网金融理论与实务［M］．北京：中国水利水电出版社，2017.

[75] 曾建光．网络安全风险感知与互联网金融的资产定价［J］．经济研究，2015（7）：131-145.

[76] 张承惠．关于互联网金融风险的思考与建议［J］．经济纵横，2016（4）：93-96.

[77] 张健华．互联网金融监管研究［M］．北京：科学出版社，2016.

[78] 张松．互联网金融的理论与实践探究［J］．中国信用卡，2015（10）：56-59.

[79] 张涛．互联网金融模式研究与案例剖析［M］．长春：吉林大学出版社，2018.

[80] 张子潮．互联网金融下非法集资行为的刑法规制［J］．法制博览，2018（27）：161，160.

[81] 赵华伟．互联网金融［M］．北京：清华大学出版社，2017.

[82] 赵永新．互联网金融理论与实务［M］．北京：清华大学出版社，2017.

[83] 赵紫剑．互联网金融［M］．重庆：重庆大学出版社，2016.

[84] 衷凤英，杜朝运．P2B网贷模式下的互联网金融监管博弈剖析［J］．财会月刊，2018（17）：160-167.